Joana Heinemann

Mountainbike-Tourismus im Wettbewerb

Zielgruppenorientierte Optimierung von Packages im Destinationsmarketing

Schriftenreihe der School of International Business
Internationaler Studiengang für Tourismusmanagement (ISTM)

Herausgegeben von Felix Bernhard Herle

Band 7

SCHRIFTENREIHE DER SCHOOL OF INTERNATIONAL BUSINESS

Internationaler Studiengang für Tourismusmanagement (ISTM)

Herausgegeben von Felix Bernhard Herle

ISSN 1863-9798

1 *Katharina Schirmbeck*
Markenbildung für Regionen
Dachmarkenkonzepte im deutschen Regionalmarketing
ISBN 3-89821-689-6

2 *Stefanie Kranawetter und Ivonne Mühlner*
Erfolgreiches Krisenmanagement für Reiseveranstalter
Ein Handbuch für plötzlich auftretende Krisen im Tourismus
ISBN 978-3-89821-835-1

3 *Angela Bergner*
Tourismus als Mittel zur Armutsminderung in Nepal
Das "Tourism for Rural Poverty Alleviation Programme" (TRPAP)
ISBN 978-3-89821-853-5

4 *Felix Bernhard Herle*
Strategische Planung grenzenloser Destinationen
Vertikale und branchenübergreifende Erweiterung Touristischer Regionen
ISBN 978-3-89821-908-2

5 *Birte Heidbreder*
Gütesiegel zur Einflussnahme auf die touristische Entwicklung einer Destination
Erfolgsanalyse des CST Costa Ricas für nachhaltigen Tourismus
ISBN 978-3-89821-986-0

6 *Linda von Nerée*
Das touristische Potential Hamburgs für chinesische Europa-Reisende
Eine Bestandsanalyse mit konkreten Veränderungsvorschlägen
ISBN 978-3-89821-780-4

7 *Joana Heinemann*
Mountainbike-Tourismus im Wettbewerb
Zielgruppenorientierte Optimierung von Packages im Destinationsmarketing
ISBN 978-3-8382-0167-2

Joana Heinemann

MOUNTAINBIKE-TOURISMUS IM WETTBEWERB

Zielgruppenorientierte Optimierung von Packages im Destinationsmarketing

Schriftenreihe der School of International Business
Internationaler Studiengang für Tourismusmanagement (ISTM)

Herausgegeben von Felix Bernhard Herle

Band 7

ibidem-Verlag
Stuttgart

Bibliografische Information der Deutschen Nationalbibliothek
Die Deutsche Nationalbibliothek verzeichnet diese Publikation in der Deutschen Nationalbibliografie; detaillierte bibliografische Daten sind im Internet über http://dnb.d-nb.de abrufbar.

Bibliographic information published by the Deutsche Nationalbibliothek
Die Deutsche Nationalbibliothek lists this publication in the Deutsche Nationalbibliografie; detailed bibliographic data are available in the Internet at http://dnb.d-nb.de.

∞

Gedruckt auf alterungsbeständigem, säurefreien Papier
Printed on acid-free paper

ISSN: 1863-9798

ISBN-10: 3-8382-0167-1
ISBN-13: 978-3-8382-0167-2

Printed in Germany

Vorwort

Die Hochschule Bremen ist bereits seit Jahrzehnten eine international sehr gut vernetzte und anerkannte große Fachhochschule in Deutschland. Stets galt sie als Vorreiterin für wesentliche innovative Entwicklungen. Mit der Verleihung des „Best Practice Award" des CHE, des „Marketingpreises" des DAAD und der Auszeichnung als „Reformhochschule" durch den Stifterverband ist dies angemessen und öffentlich gewürdigt worden.

Diese herausgehobene Stellung zu erhalten und weiter auszubauen ist natürlich eine wesentliche Triebfeder, sich Entwicklungen zeitgemäß anzupassen. Deshalb wurde in der Hochschule Bremen in den letzten Jahren eine Reihe tiefgreifender Veränderungen initiiert, angefangen bei der Umstellung auf das Bachelor-/Mastersystem über die Reformierung bestehender und die Einrichtung neuer Studienprogramme bis hin zur Reorganisation der 9 Fachbereiche und ihre Zusammenfassung zu 5 Fakultäten.

Bei all diesen Entwicklungsprozessen haben die Fachbereiche „Nautik und Internationale Wirtschaft/School of International Business (FB 6)" sowie „Wirtschaft (FB 9)" eine besondere Rolle in der Hochschule Bremen gespielt. Von Beginn an galt die Internationalisierung als das wesentliche Markenzeichen beider Fachbereiche. Seit März 2008 sind beide Fachbereiche zur Fakultät Wirtschaftswissenschaften fusioniert. Die Bezeichnung „School of International Business (SIB)" aus dem ehemaligen FB 6 wurde dabei auch für die neue Fakultät als bereits etablierter Markenname beibehalten, nicht zuletzt, um die besondere Bedeutung der Internationalität in der Fakultät zu unterstreichen.

Mit nunmehr über 3200 Studierenden prägt diese große Fakultät natürlich das Profil der Hochschule Bremen deutlich: Von den elf Bachelorstudiengängen und zehn Masterstudiengängen (davon drei als konsekutive Masterstudiengänge der Fakultät bzw. in Verbindung mit der Fakultät Gesellschaftswissenschaften) sind nahezu 90 % internationalisiert, zum großen Teil mit einem verpflichtenden Auslandsaufenthalt, einem erheblichen Anteil curricular verankerter englischsprachiger Lehrveranstaltungen, einer intensiven interkulturellen Vorbereitung auf Auslandsaufenthalte und einer multikulturellen Lehr- und Lernatmosphäre, die durch ca. 200 internationale Gaststudierende (Incomings) und viele Lehrende von internationalen Partnereinrichtungen geprägt ist. Die Fakultät unterhält ca. 80 Auslandskooperationen weltweit, die von ca. 500 Studierenden (Outgoings) für das Auslandsstudium/Auslandspraktikum genutzt werden.

Mit dem jährlichen SIB-Kongress bietet die Fakultät einer breiten Öffentlichkeit die Möglichkeit, sich intensiv mit den Leistungen der Fakultät vertraut zu machen und Studierende wie Lehrende kennen zu lernen.

In diesem Sinne ist auch der nun vorliegende neue Band der Schriftenreihe der School of International Business (in Kooperation mit dem ***ibidem***-Verlag) als Aufforderung zu verstehen, sich mit ausgewählten Beiträgen unserer Lehrenden und Absolventen auseinander zu setzen.

Ich wünsche unseren Leserinnen und Lesern viel Freude bei der Lektüre und bin sicher, dass Sie sich von der Qualität unserer Fakultät auch auf diesem Wege überzeugen können.

Prof. Dr. Dietwart Runte
Dekan der School of International Business/Fakultät Wirtschaftswissenschaften

Inhaltsverzeichnis

Abbildungsverzeichnis

Tabellenverzeichnis

Abkürzungsverzeichnis

ADFC	Allgemeiner Deutscher Fahrrad Club e.V.
DIMB	Deutsche Initiative Mountainbike e.V.
DTZ	Deutsche Zentrale für Tourismus
F.U.R	Forschungsgemeinschaft Urlaub und Reisen e.V.
GPS	Global Positioning System
IMBA	International Mountain Bicycling Association
MTB	Mountainbike/Mountainbiking
n	Stichprobengröße
SGF	Strategisches Geschäftsfeld
USP	Unique Selling Proposition

1 Einleitung

In der Vergangenheit galt der Tourismus als eine erfolgsverwöhnte Wachstumsbranche. Heute und in Zukunft muss diese sich neuen Herausforderungen stellen. Auch im Wettbewerb der Destinationen herrschen erschwerte Marktbedingungen durch den Wandel vom Produzenten- zum Konsumentenmarkt. Aufgrund gestiegener Reiseerfahrungen wachsen die Ansprüche der Touristen, welche ein qualitativ hochwertiges und vielfältiges Angebot fordern. Die Weltwirtschaftskrise schafft zudem Unsicherheit in der deutschen Bevölkerung. Der Anteil „Reiseunentschlossener" ist im Januar 2009 mit 34,8 % höher als je zuvor (vgl. Stiftung für Zukunftsfragen, 2009, S. 1). Nach Angaben der Reiseanalyse sehen 75 % der Deutschen die Finanzkrise als besorgniserregend an. Allerdings sehen lediglich 15 % ihre Urlaubsplanung davon betroffen (vgl. F.U.R, 2009, S. 1). Dennoch wird am und im Urlaub gespart. Die Reisen werden kürzer und näher, sodass der Marktanteil an Inlandsreisen 2008 weiter zulegen konnte. Opaschowski sieht in der gestiegenen Nachfrage nach Urlaub im eigenen Land gleichzeitig einen härteren Wettbewerb um innerdeutsche Marktanteile (vgl. Stiftung für Zukunftsfragen, 2009, S. 1ff.).

Die deutschen Mittelgebirge stellen mit 30 % aller in Deutschland getätigten Übernachtungen ein nicht zu unterschätzendes Potential dar (vgl. Flesch, 2007, S. 1) und sollen Forschungsgegenstand dieser Studie sein.

1.1 Ausgangslage und Problemstellung

Zunehmende Wettbewerbsintensität, erhöhte Reiseerwartungen und gleichzeitige Unsicherheit in der Bevölkerung sind die allgemeinen Probleme, mit denen die deutschen Mittelgebirgsregionen zu kämpfen haben. Kern benennt weitere konkrete Problemfelder, denen die deutschen Mittelgebirge ausgesetzt sind (vgl. Kern, 2001, S. 58 f.):

- Bei einer bestehenden Angebotsstruktur im qualitativen Mittelfeld fehlt oftmals die entsprechende Profilierung der Region.
- Die Mittelgebirgsurlauber beurteilen ihren Aufenthalt kritischer als Urlauber anderer Regionen. Negativ empfunden werden vor allem die veraltete

Infrastruktur, die Eintönigkeit der Angebote und das Preis-Leistungsverhältnis.

- Zunehmende Alterung der beworbenen Gästeschicht bei oftmals fehlender Orientierung nach neuen und jüngeren Zielgruppen führt zu einem Rückgang an Übernachtungen.

Um sich als Mittelgebirgsdestination gegenüber seinen Wettbewerbern durchzusetzen, bedarf es somit der Verbesserung des touristischen Produktes. Hierzu müssen die Bedürfnisse und Wünsche der Gäste berücksichtigt, neue Zielgruppen bestimmt und qualitativ hochwertige und erlebnisreiche Angebote geschaffen werden. Bei der Suche nach zusätzlichen und attraktiven Zielgruppen haben einige Mittelgebirge das touristische Marktsegment des Mountainbikings entdeckt. So vermarkten sich der Schwarzwald, der Harz und das Sauerland bereits erfolgreich als Mountainbike-Destinationen und werben mit großen zusammenhängenden Streckennetzen.

Der ADFC erkannte bereits 2001 mit dem Mountainbike-Leitfaden die Bedeutung des Mountainbikings speziell für die Mittelgebirge. Die 2008 durchgeführte Studie zum Radtourismus der Firma trendscope sieht in den Bereichen des Mountainbike- und Rennradurlaubs weiterhin ein großes Potential und empfiehlt eine gezieltere Ansprache dieser Zielgruppen. Die Mittelgebirgsdestinationen stehen somit vor der Herausforderung, das bestehende Angebot zielgruppenorientiert auszurichten und zu vermarkten, um sich im Segment des Mountainbike-Tourismus zu profilieren. Ein ausgebautes Streckennetz ist hierzu nicht mehr ausreichend. Den Mountainbikern müssen Zusatznutzen präsentiert werden. Eine Möglichkeit hierzu stellen Packages bzw. Pauschalangebote dar. Gleichzeitig können Tourismusorganisationen das Instrument des Packagings zur Präsentation des touristischen Angebotes der Destination nutzen. Sie werden daher in der vorliegenden Studie als wichtigste Institution zur Erstellung und Vermarktung von Packages vorgestellt.

Um die Packages gezielt für Werbezwecke und zum Imageaufbau einzusetzen, muss sich deren Gestaltung an zielgruppenspezifischen Bedürfnissen orientieren. Hierbei stellt sich die Frage, ob diese Problematik von den zuständigen Tourismusorganisationen der Mittelgebirgsdestinationen berücksichtigt wird und ob sie das Packaging als erfolgsversprechendes Marketinginstrument erkannt haben.

1.2 Ziel der Studie

Vor dem Hintergrund der geschilderten Situation soll diese Studie den Status quo zur Anwendung von Mountainbike-Packages im Destinationsmarketing deutscher Mittelgebirge aufzeigen. Diese allgemeine Zielsetzung wird in zwei Analysebereiche unterteilt.

Zum einen soll ermittelt werden, welche Mittelgebirgsdestinationen Mountainbike-Packages anbieten und ob die Packages in ihrer Zusammenstellung und Vermarktung den Bedürfnissen der Zielgruppen angemessen sind.

Zum anderen soll die Rolle der Tourismusorganisationen bei der Package-Erstellung und –Vermarktung untersucht werden. Ziel dieses Untersuchungsschrittes ist es, herauszufinden ob sich Tourismusorganisationen für die Gestaltung zielgruppenorientierter Packages eignen und welche Aufgaben sie zu erfüllen haben, um die Destination mithilfe des Packages klar zu positionieren.

Abschließend sollen den Akteuren im Mountainbike-Tourismus Lösungsansätze präsentiert werden, unter welchen Rahmenbedingungen es sinnvoll ist, Mountainbike-Pauschalen anzubieten und was zu beachten ist, um die Zielgruppe zu erreichen.

1.3 Inhaltliche und methodische Vorgehensweise

Die vorliegende Studie ist in sieben Kapitel gegliedert. An diesen einführenden Teil schließen sich die Ausführungen zu den theoretischen Grundsätzen (Kapitel 2 bis 4) an. In Kapitel fünf sollen diese zusammenfassend präsentiert werden. Der empirische Teil der Studie ist mit Kapitel sechs dargestellt.

Um einen theoretischen Bezugsrahmen zu schaffen behandelt das zweite Kapitel die besonderen Eigenschaften des Tourismusproduktes und welche Aufgaben und Herausforderungen sich daraus für das Destinationsmarketing einer Tourismusorganisation ergeben. Auf die Erstellung und Vermarktung von Packages, als ein Instrument im Destinationsmarketing, wird in Kapitel 3 detaillierter eingegangen. Hierbei wird erläutert, welche Funktionen und Charakteristika Packages aufweisen und die Eignung unterschiedlicher Packageformen für die Zwecke einer Tourismusorganisation diskutiert. Mit Kapitel 4 werden wesentliche Grundlagen zur Entwicklung und den Problemen im Mountainbike-Tourismus sowie dessen aktuelle Bedeutung für Mittelgebirgsdestinationen erläutert. Um im anschließenden empirischen Teil die Packages auf ihre Zielgruppenorientierung untersuchen zu können, bedarf es außerdem einer detaillierten Beschreibung der Zielgruppe Mountainbiker, sowie deren Bedürfnisse und Motive.

Kapitel 5 fasst die wesentlichen Aussagen der drei theoretischen Themenbereiche zusammen.

Der empirische Teil der Arbeit (Kapitel 6) beinhaltet die Abbildung des Forschungsprozesses. Auf der Basis quantitativer und qualitativer Forschungsmethoden wird die Anwendung von Mountainbike-Packages in deutschen Mittelgebirgsregionen und deren Zielgruppenorientierung untersucht.

Bereits mit der Interpretation und Präsentation der erhobenen Daten unter Punkt 6.5 werden den Akteuren im Mountainbike-Tourismus, in erster Linie den Tourismusorganisationen, Handlungsempfehlungen für eine zielgruppenspezifische Bearbeitung in der Package-Gestaltung und -Vermittlung sowie Ideen zu möglichen Mountainbike-Packages gegeben. Unter Punkt 6.6. werden schließlich Lösungsansätze mit konkreten Entscheidungsfragen und ein Leitfaden zur Erstellung zielgruppenorientierter Packages präsentiert.

Kapitel 7 bildet den Abschluss der Studie und fasst die zentralen Erkenntnisse zur Anwendung von zielgruppenspezifischen Mountainbike-Packages in deutschen Mittelgebirgsdestinationen zusammen. Außerdem soll ein Ausblick auf weitere Anwendungsfelder zielgruppenorientierter Packages gegeben und weiterführende Forschungsfragen aufgeführt werden.

Der strukturelle Aufbau der Studie wird überblickend mit Abbildung 1 dargestellt.

Abb. 1: Aufbau der Studie

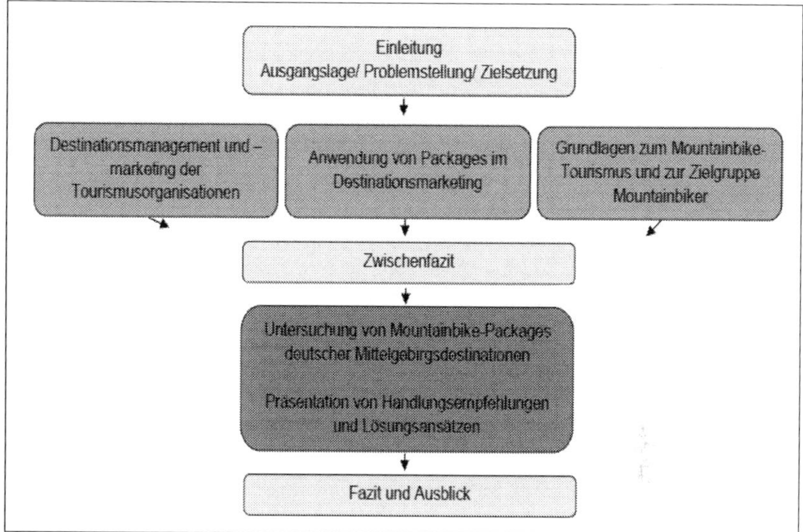

Quelle: Eigene Darstellung 2009.

2 Das Tourismusprodukt im Management und Marketing von Destinationen

Im folgenden Kapitel werden die besonderen Herausforderungen an das Management einer Destination und dessen Produkt dargestellt. Um eine Verständnisgrundlage für die vorliegende Studie zu schaffen, wird der Begriff Destination wie folgt definiert:

> „Eine Destination ist ein Raum (Ort, Region, grosses Hotel), den der Gast (oder ein Gästesegment) als Reiseziel wählt. Sie enthält sämtliche für einen Aufenthalt notwendigen Einrichtungen für Beherbergung, Verpflegung, Unterhaltung/Beschäftigung. Sie ist damit das eigentliche Produkt und die Wettbewerbseinheit. Sie muss als solche strategisch geführt werden." (Bieger, 2008, S. 357).

Hierzu werden die Tourismusorganisation als Institution für das Destinationsmanagement vorgestellt und die Grundsätze für das Destinationsmarketing aufgezeigt. Vertiefend werden die Instrumente des Marketing-Mix beschrieben und deren Anwendung diskutiert. Um bereits in diesem Kapitel den Bezug zur Forschungsfrage aufzubauen, sind Beispiele zum Mountainbike-Tourismus gegeben, welche sich auf deutsche Mittelgebirgsregionen beziehen.

2.1 Besonderheiten des Destinationsmanagements

Zunächst muss der Begriff Destination weiter differenziert und aus Sicht des Reisenden definiert werden. Die Beurteilung, was ein Reisender als Destination wahrnimmt, hängt von der Sichtweise und der Entfernung zum Zielgebiet ab. Ein Gast kann einen ganzen Kontinent oder lediglich eine Region oder Stadt als Destination wahrnehmen, je nachdem welche individuellen Bedürfnisse der Reisezielentscheidung zugrunde liegen (vgl. Bieger, 2008, S. 57 f.).

Das Tourismusprodukt einer Destination setzt sich aus verschiedenen Teilleistungen zusammen und wird von unterschiedlichen Leistungsträgern erbracht. Es wird daher als ein Leistungsbündel beschrieben. Der Gast nimmt die touristischen Teilleistungen hierbei nicht einzeln wahr, sondern „erlebt seinen Urlaub als Gesamterlebnis.“ (Luft, 2001, S. 17). Die einzelnen Leistungen ergänzen sich und hängen voneinander ab. Wird ein Angebotsfaktor als negativ empfunden, besteht die Gefahr, dass der gesamte Urlaub negativ beurteilt wird. Eine Destination ist folglich als Wettbewerbseinheit zu führen (vgl. Bieger, 2008, S. 59; Tschurtschenthaler, 1999, S. 18).

Die touristische Leistung einer Destination ist von externen Faktoren, wie der örtlichen Infrastruktur, der Unterstützung der öffentlichen Hand sowie der ansässigen Bevölkerung, dem Mitwirken des lokalen Gewerbes und der Landwirtschaft abhängig. Im Destinationsmanagement müssen die Interessen der beteiligten Partner berücksichtigt und in den Planungsprozess mit einbezogen werden, um erfolgreich und überzeugend am Markt zu agieren (vgl. Bieger, 2008, S. 17 f.).

> „Touristisches Produkt eines Zielgebietes ist die Destination selbst mit ihren natürlichen und abgeleiteten Angebotsfaktoren als Summe aller Einrichtungen und Maßnahmen, die dem Tourismus dienen. Destinationen ‚produzieren‘ und bieten Attraktivität.“ (Freyer, 2006, S. 254).

Eine Übersicht über die Einflussfaktoren des touristischen Angebots einer Destination liefert Abbildung 2. Demnach wird das touristische Angebot einer Destination über naturgegebene Faktoren und durch den Menschen geschaffenen sowie geprägte Angebote bestimmt und über immaterielle Aspekte beeinflusst.

Ausgehend von diesem „grundlegenden touristischen Attraktivitätspotential“ (Luft, 2001, S. 19) hat die Destination die Aufgabe ein Tourismusprodukt zu produzieren. Hierbei steht sie vor der Herausforderung, die Aktivitäten mehrerer Leistungsersteller miteinander zu verbinden und übergreifend zu managen (Destinationsmanagement) als auch zu vermarkten (Destinationsmarketing) (vgl. Tschurtschenthaler, 1999, S. 16). Die Destination wird daher in der Literatur auch als „Multi-Produkte-Unternehmen“ (Krippendorf, 1980, S. 21), „touristische Wettbewerbseinheit“ (Bieger, 2008, S. 58), „virtuelles Unternehmen“ (Bieger, 2008, S. 93), oder „Makro-Betrieb“ (Freyer, 2006, S. 253) bezeichnet.

Abb. 2: Das touristische Destinationsangebot

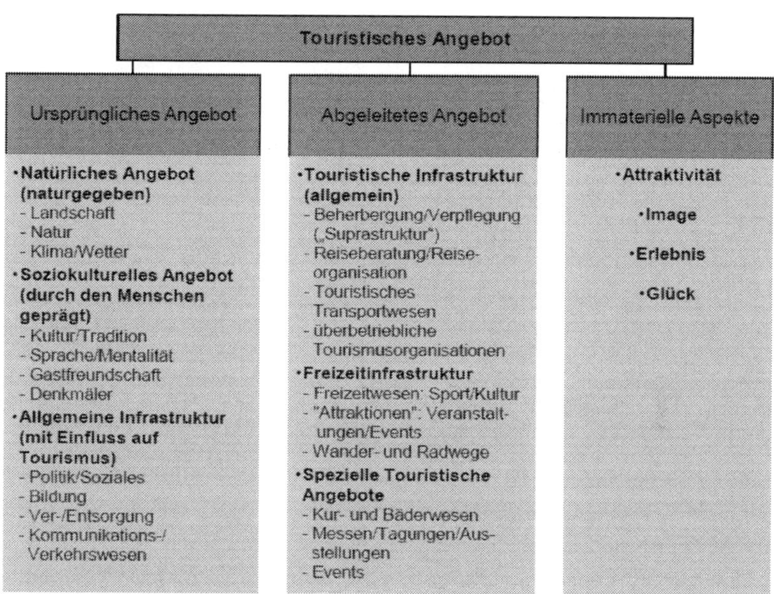

Quelle: Eigene Darstellung in Anlehnung an Freyer, 2006, S. 254; Freyer, 2009, S. 23.

Das Management und die Vermarktung einer Destination weisen wesentliche Unterschiede zu klassischen Produktionsunternehmen auf, was mit den besonderen Eigenschaften des touristischen Produktes zusammenhängt.

Das Tourismusprodukt ist ein abstraktes Gebilde, welches sich aus den Komponenten Zeit, Raum und Person zusammensetzt. Es ist eine immaterielle Leistung und schwer zu beschreiben. Der Kunde kann die Leistung und dessen Qualität nicht vor dem Reiseantritt überprüfen. Eine Destination muss folglich bei den potentiellen Gästen Vertrauen aufbauen, um deren Unsicherheiten zu minimieren. Möglichkeiten hierfür sind die Vermittlung eines positiven Images oder einer Marke sowie die Einführung von Garantien und Qualitätsstandards (vgl. Bieger, 2008, S. 16). Luft bezeichnet die touristische Dienstleistung als „echte" oder „eigentliche" Dienstleistung, weil die Erbringung die Anwesenheit des Kunden voraussetzt. Das touristische Produkt ist somit an einen bestimmten Ort gebunden und nicht transportfähig (vgl. Luft,

2005, S. 41). Der Kunde muss zum Produkt kommen. Die Erstellung der Leistung und die Inanspruchnahme durch den Kunden erfolgt dann zum gleichen Zeitpunkt, was auch als „Uno-Actu-Prinzip“ bezeichnet wird. Folglich ist das touristische Produkt nicht lagerfähig und unterliegt einem erhöhten Absatzrisiko (vgl. Freyer, 2006, S. 135). Um die zur Verfügung stehenden Kapazitäten optimal auszunutzen und flexibel auf die Nachfrage zu reagieren bedarf es eines zielgerichteten Marketings (vgl. Bieger, 2000, S. 35).

Bei der Reise in eine Destination tritt der Gast unmittelbar mit dem Leistungsträger in Kontakt und wird als externer Faktor in den Erstellungsprozess des Tourismusproduktes integriert (vgl. Freyer, 2006, S. 135). Die Erwartungshaltung des Gastes, welche sich auf erhaltene Informationen aufbaut, sowie das Verhalten des Gastes vor Ort, der Kontakt mit den Servicemitarbeitern, aber auch mit den Einwohnern und anderen Gästen wirken in die Gesamtbeurteilung des Aufenthalts ein. Damit keine Diskrepanzen zwischen der Erwartungshaltung und der tatsächlichen Leistung entstehen, ist die Vermittlung einheitlicher und aufeinander abgestimmter Informationen notwendig. Deswegen ist es wichtig, auch den Leistungsträgern und deren Servicepersonal Informationen in Form einer Corporate Identity oder eines Corporate Behavior zu vermitteln. Alle Seiten müssen wissen, was sie zu erwarten haben (vgl. Wiesner, 2008, S. 42 f.).

Neben diesen grundsätzlichen Charakteristika des Tourismusproduktes und der Destination, stellt sich außerdem die Frage, welche Motive einen potentiellen Gast zur Kaufentscheidung führen. Hierzu muss das Tourismusprodukt in seinen Eigenschaften näher beschrieben werden.

Im Allgemeinen kann ein Produkt als etwas beschrieben werden, das der Bedürfnisbefriedigung und Wunscherfüllung dient (vgl. Kotler, Keller, & Bliemel, 2007, S. 12). Ein Tourist entscheidet, welches Leistungsbündel für ihn ein Produkt darstellt und vergleicht während des Kaufentscheidungsprozesses die Leistungsbündel verschiedener Orte oder Regionen miteinander und wählt jenes Bündel, durch welches er seine Bedürfnisse am Besten befriedigt sieht (vgl. Bieger, 2008, S. 55). Das Produkt gliedert sich hierbei in verschiedene Ebenen.

Das Kernprodukt, von Freyer auch als Kernnutzen oder Kernleistung bezeichnet (vgl. Freyer, 2009, S. 89), bildet die Entscheidungsgrundlage für ein bestimmtes touristisches Produkt. Hier sieht der Kunde sein Bedürfnis, zum Beispiel nach einem sportlichen Erlebnis, befriedigt (vgl. Bieger, 2008, S. 18f.).

> „Der Kunde kauft [...] nicht primär Transport, Beherbergung, Verpflegung, sondern in erster Linie ‚Urlaubsglück', den Urlaub als Gegenalltag, er sucht Erholung, Kontakte, Bildung, Erlebnisse usw., also Inhalte die in den Urlaubsmotivationen ihren Niederschlag finden." (Freyer, 2009, S. 89f zitiert nach Bernkopf, 1983, S. 63).

Das formale, physische Produkt definiert Bieger in Anlehnung an Kotler als Infrastruktur und konkrete Leistungen, die der Kunde kauft. Im Tourismus zählen dazu Sport- und Unterhaltungsinfrastruktur sowie die touristischen Grundleistungen Übernachtung, Verpflegung und Transport (vgl. Bieger, 2008, S. 19). Freyer ordnet diese Leistungen noch dem Kernprodukt zu, da diese beim Austauschprozess mit dem Kunden im Vordergrund stehen.

„Das erweiterte Produkt umfasst Zusatzleistungen, die dem Gast indirekt geboten werden" (Bieger, 2008, S. 19). Freyer unterscheidet bei diesen Zusatzleistungen zwischen einer Design- oder Wahrnehmungsebene und einer Ergebnis- oder Vorstellungsebene. Erstere beschreibt kognitive Faktoren, welche über die Sinne wahrgenommen werden können, z. B. die Darstellung oder Darbietung eines Produktes. Die zweite Ebene beschreibt affektive Faktoren, welche vor allem Seele und Gefühl ansprechen. Hier wird die touristische Bedeutung des „selling dreams" deutlich. Es gilt Erlebniswerte zu schaffen und zu verkaufen (vgl. Freyer, 2009, S. 90 f.).

Nach Luft wird über eine bestimmte Vorstellung des Kunden ein Assoziazionsbild des Gebietsnamens oder Landschaftsnamens geprägt. Bei der Reisezielentscheidung wird diese Vorstellung mit den Anforderungen an das Leistungsbündel für die gewählte Urlaubsform verglichen. Wie die Destination letztlich wahrgenommen wird, hängt dabei von den touristischen Kernfähigkeiten bzw. Kernangeboten ab (vgl. Luft, 2001, S. 65).

Für eine Destination ist es heutzutage jedoch nicht mehr ausreichend eine Kern- oder Basisleistung anzubieten, welche im Vergleich zu Konkurrenzdestinationen wenig Differenzierungspotential aufweist. Vielmehr gilt es über das Hervorheben von Zusatzleistungen die Destination attraktiver darzustellen, folglich Wettbewerbsvorteile zu schaffen. „Hierbei sind vor allem solche immateriellen Eigenschaften bedeutsam wie Image, Erlebnis und Attraktivität.“ (Freyer, 2009, S. 91). Die Unterteilung in Kern- und Zusatzleistungen im Mountainbike-Tourismus ist in Kapitel 4.2 näher ausgeführt.

Weitere Wettbewerbsvorteile können über die Schaffung multioptionaler Erlebnisse entlang der Dienstleistungskette erreicht werden. Das Kernangebot ist nicht mehr ausreichend und es müssen attraktive Programme unter Einbeziehung von verschiedenen Partnern und Angeboten zu konkreten Leistungsbündeln zusammengefügt werden (vgl. Luft, 2001, S. 65). Dieser Aspekt der Angebotsbündelung wird in Kapitel 3 näher betrachtet.

Zusammenfassend ist hervorzuheben, dass die verschiedenen Angebotsfaktoren und die in Anspruch genommenen Teilleistungen vom Gast als Gesamteinheit wahrgenommen und beurteilt werden. Folglich muss das Gesamtprodukt Destination in der Planung und Vermarktung unternehmens- und teilleistungsübergreifend durch eine Destinationsmanagement-Organisation koordiniert werden (vgl. Bieger, 2008, S. 16).

2.2 Die Tourismusorganisation im Destinationsmanagement

Aufgrund von unternehmerischen und organisatorischen Strukturen innerhalb der Destination lässt sich das Management nicht einer Institution zuordnen (vgl. Tschurtschenthaler, 1999, S. 31). Einen Überblick zur begrifflichen Abgrenzung der Tourismusorganisation einer Destination gibt Abbildung 3.

Abb. 3: Begriffssystem Tourismusorganisation

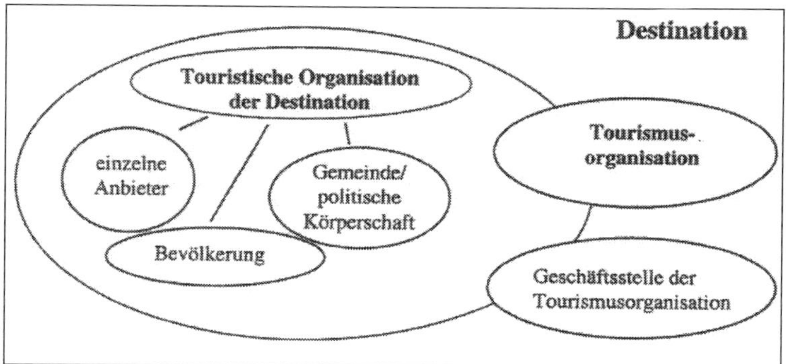

Quelle: Bieger, 2008, S. 72.

Die Touristische Organisation wird von einzelnen Leistungsträgern, der Bevölkerung und der Politik mitbestimmt und sollte in einem gemeinsamen Prozess erfolgen. Um übergreifende Aufgaben zu koordinieren, eignet sich eine kooperative Tourismusorganisation. Diese kann öffentlich-rechtlich (innerhalb der Gemeindeverwaltung) oder privatrechtlich (über Verein oder GmbH) geführt werden. Die Geschäftsstelle der Tourismusorganisation, auch Tourismusbüro oder Fremdenverkehrsamt ist „gewissermassen der Produktionsbetrieb der Tourismusorganisation. Dort werden z.B. touristische Leitbilder entwickelt, das Marketing betrieben und die Informationsleistungen erbracht.“ (Bieger, 2008, S. 72).

Bieger nennt vier Funktionen einer Tourismusorganisation:

Mit der Planungsfunktion verbindet sich die Aufgabe, eine für die gesamte Destination anzuwendende Strategie oder ein Leitbild zu entwickeln und ein einheitliches Produkt zu erstellen. Die Angebotsfunktion beinhaltet die Unterhaltung von Infrastruktureinrichtungen (Wander- und Radwege) und den Betrieb von Servicefunktionen (Tourismusinformation), welche subsidiär bereitgestellt werden müssen, sowie die Erstellung vermarktbarer Produkte. Da der Tourismus einen großen Einfluss auf ökonomische, ökologische und gesellschaftliche Bereiche hat, sollte die Öffentlichkeit in die Angebotsplanung und -gestaltung mit einbezogen werden. Die Tourismusorganisation übernimmt außerdem eine Interessenvertreterfunktion, um innerhalb und zwischen den einzelnen Anspruchsgruppen zu vermitteln. Mit der Marketingfunktion stellt sich die Aufgabe, das abstrakte und erklärungsbedürftige Tourismusprodukt zu vermarkten und zu verkaufen. Es gilt eine oder mehrere Marken und ein positives Image aufzubauen, damit sich der potentielle Gast ein Bild von der Destination machen kann. Die Einführung von Garantien und Qualitätsstandards kann hier zusätzlich Vertrauen beim Kunden aufbauen (vgl. Bieger, 2008, S. 64 ff.).

Auf die detaillierten Aufgaben, welche sich aus den Funktionen ableiten lassen, und die verschiedenen Organisationsformen einer Tourismusorganisation wird nicht vertiefend eingegangen, da diese außerdem von der touristischen Organisationsstruktur der Destination abhängen und sich je nach Destination und Region verschieden gestalten (vgl. Bieger, 2008, S. 139). An dieser Stelle soll vielmehr auf die Anforderungen an das Destinationsmanagement einer Tourismusorganisation, welche sich aus den Eigenschaften des Produktes Destination ableiten lassen, eingegangen werden.

Zum einen hat die Tourismusorganisation beschränkte Einflussmöglichkeiten. Auf Ebene des Managements der Unternehmung hat die Politik großen Einfluss, da öffentliche Funktionen größtenteils mit öffentlichen Geldern finanziert werden. Auf der Ebene der Destination hat die Tourismusorganisation begrenzt Einfluss auf Entscheidungen der einzelnen dezentralen Leistungsträger, z. B. auf deren Produkt- und Preispolitik. „Nur durch gute Kommunikation und Motivation auf einer vertiefenden Vertrauensbasis kann die Tourismusorganisation indirekt auf diese einzelnen Unternehmen einwirken." (Bieger, 2008, S. 98).

Da die Tourismusorganisation für ihre eigene Unternehmung und übergreifend sowie koordinierend für die gesamte Destination die Verantwortung übernimmt, erfüllt sie zum anderen eine Doppelfunktion. Um Interessenkonflikte, wenn beispielsweise mitwirkende Leistungsträger das Wirtschaften der Tourismusorganisation als Konkurrenz wahrnehmen, zu vermeiden, muss die Tourismusorganisation als Non Profit Organisation auftreten. „Als solche hat die Tourismusorganisation einen doppelten Zielbereich zu verfolgen. Es geht einerseits um Legitimation im soziopolitischen Umfeld, andererseits um Effizienz in ökonomischer Dimension." (Bieger, 2008, S. 97). Erwirtschaftete Gewinne sollen der Destination zur Verfügung gestellt werden, um erneut in die Zufriedenheit des Gastes zu investieren und übergreifende Marketingmaßnahmen wahrzunehmen. Die Organisation handelt somit nicht gewinnorientiert. Vielmehr sollte das Ziel eine positive Kommunikation nach innen sein, um die Mitglieder zu einer aktiven Teilnahme zu motivieren. Daher ist es sinnvoll, den Erfolg einer Tourismusorganisation an den erfolgreich umgesetzten Maßnahmen zu messen (vgl. Bieger, 2008, S. 97 f.).

Einen Vorteil deutscher Destinationen sieht Luft in der Eigeninitiative und Kreativität der einzelnen Leistungsanbieter. Eine Tourismusorganisation sollte daher das Ziel „Diversifikation in Kooperation" verfolgen. Hierbei ist es wichtig, die einzelnen Anbieter ihren Markt/Leistungsbereich individuell bearbeiten zu lassen, um Innovationen Raum zu lassen. Damit die Initiativen des Einzelnen vom Gast als Gesamtheit wahrgenommen werden und die Unternehmen zielorientiert zusammen arbeiten, ist die Kommunikation einer gemeinsam erarbeiteten Strategie nötig (vgl. Luft, 2001, S. 17; Bieger, 2008, S. 220 f.).

Tschurtschenthaler verweist auf die besondere Branchenstruktur in touristischen Regionen, welche von Klein- und Mittelbetrieben dominiert ist. Diesen wird zwar eine hohe Flexibilität zugeschrieben, jedoch ist ihr Erfolg stark von Einflüssen aus dem Umfeld und dem Verhalten komplementärer Unternehmen abhängig. Die betrieblichen Strukturen und finanziellen Mittel lassen zudem keine kostspieligen Marktforschungsaktivitäten zu, um die sich immer schneller wandelnden Kundenwünsche zu erfassen. Ebenfalls eingeschränkt ist die Marktbearbeitung, da weitreichende Marketingmaßnahmen oftmals sehr kostspielig sind. Diese Merkmale erfordern eine kooperative Zusammenarbeit der Branche. Dabei dürfen keine zentralen Ansätze seitens des Destinationsmanagements aufgezwungen werden.

> „Es gilt, die Wurzeln zu bearbeiten und den Nährboden zu bereiten, nicht jedoch die Pflanze als ganzes einzusetzen." (Tschurtschenthaler, 1999, S. 32).

Während das Management sich um eine übergreifende und kooperative Organisation der Destination bemüht, befasst sich das Marketing mit der Gestaltung, Vermarktung und dem Verkauf des Destinationsproduktes.

2.3 Ziele und Aufgaben des Destinationsmarketings

Weis beschreibt das Marketing als „eine umfassende Philosophie und Konzeption des Planens und Handelns [...], bei der – ausgehend von systematisch gewonnen Informationen – alle Aktivitäten eines Unternehmens konsequent auf die gegenwärtigen und zukünftigen Erfordernisse der Märkte ausgerichtet werden, mit dem Ziel der Befriedigung von Bedürfnissen des Marktes und der individuellen Ziele." (Weis, 1995, S. 19). In Übertragung auf das Destinationsmarketing ergibt sich das Ziel, die Region über eine gezielte Kundenorientierung entlang der Dienstleistungskette zu vermarkten, um sich von der Konkurrenz abzusetzen und für die Zielgruppe wahrnehmbar zu positionieren und somit die erfolgreiche Existenz der Destination zu sichern.

Auch hierbei steht die Tourismusorganisation als übergreifende und koordinierende Unternehmung erneut vor Herausforderungen, welche sich in einem magischen Fünfeck darstellen lassen.

Abb. 4: Herausforderungen an das Tourismusmarketing

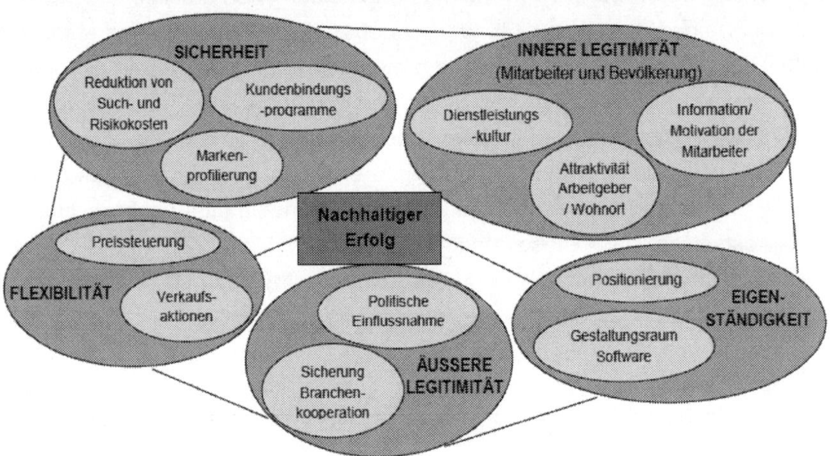

Quelle: Eigene Darstellung nach Bieger, 2008, S.163.

Es gilt beim Kunden Sicherheiten aufzubauen, Angebot und Nachfrage aufeinander abzustimmen und eigenständig über das gestaltete Angebot eine Profilierung zu erzeugen. Außerdem muss sich die Organisation nach innen und außen legitimieren, um die Akzeptanz und Unterstützung der Mitarbeiter, der Bevölkerung und der Politik sicher zu stellen und um auf eine kooperative Mitarbeit der Branche vertrauen zu können (Bieger, 2008, S. 163). Abbildung 4 veranschaulicht zudem Maßnahmen bzw. Einflussfaktoren der einzelnen Zielbereiche, welche zum Teil in den obigen Ausführungen erwähnt wurden, auf welche aber nicht vertiefend eingegangen werden kann.

Die Bezeichnung magisches Fünfeck ergibt sich aus der Abhängigkeit der einzelnen Elemente und deren Zielkonflikt. Um diesem Zielkonflikt entgegenzuwirken, ist die Erstellung eines Marketingkonzeptes sinnvoll.

Bieger versteht ein Marketingkonzept als „eine mittelfristige Grundvorstellung für das Marketing [...]. Es bildet die Leitlinien für den Einsatz der Marketinginstrumente und die Planung von Aktionen." (Bieger, 2008, S. 165). Ein wichtiger Bestandteil sind klar formulierte Vermarktungsziele, welche sich in drei Grundkategorien unterscheiden lassen.[1] Das Marketingkonzept zeigt somit die Richtung auf, in welche sich die Destination entwickeln soll (vgl. Luft, 2001, S. 210 ff.). Es dient den Akteuren einer Destination als Orientierung für ihre eigenen Marketingaktivitäten. Zugleich soll das Konzept unter Einbezug der Partner erstellt werden. Diese beeinflussen im wesentlichen Maße das Tourismusprodukt der Destination. Ihre Aktivitäten sowie Vorstellungen sollten daher in der Strategieplanung berücksichtigt werden. Schließlich verfolgen Marketingkonzepte das Ziel, die Vermarktung der Teilleistungen übergreifend auf die verschiedenen Ebenen der touristischen Organisation abzustimmen, um die Destination als erfolgreiche Wettbewerbseinheit auf dem Markt zu positionieren (vgl. Bieger, 2008, S. 165 f.). Marketingkonzepte können dazu unterschiedliche Strategien verfolgen.

---

[1] **Makroökonomische Ziele** beziehen sich auf quantitativ messbare Steigerungen der Ertragsfähigkeit des Tourismus (Steigerung der Gästeübernachtungen und Umsätze). **Marktpsychologische Ziele** umfassen die qualitative Ausrichtung der Destination (durch Kommunikationsmaßnahmen Bekanntheitssteigerung, Imageprofilierung, Aufbau einer Corporate Identity; Verbesserung des Innenmarketings und der Kundenorientierung). Bei den **strategischen Zielen der Marktabdeckung** wird zwischen einer Globalisierung und Spezialisierung entschieden (Globalisierung: Schaffung eines Gesamtangebotes für mehrere Marktsegmente und Zielgruppen; Spezialisierung: Angebot auf ein Marktsegment konzentrieren und dieses qualitativ ausgestalten um eine starke Markstellung zu erreichen) (vgl. Luft, 2001, S. 210 ff.).

Mit der Marketingstrategie sollen bestimmte Positionen im Markt erreicht werden, welche Wettbewerbsvorteile gegenüber der Konkurrenz aus- bzw. aufbauen und den Erfolg der Destination sichern (vgl. Luft, 2001, S. 212).

So wird beispielsweise festgelegt, welche Zielmärkte mit welchen Leistungsprogrammen zu bearbeitet sind. Da die Mittelgebirgsregionen in ihren natürlichen Gegebenheiten und ihrer Infrastruktur vergleichbar sind, ist es hierbei umso wichtiger sich von der Konkurrenz abzusetzen und Ausschau nach attraktiven Zielmärkten zu halten. Dazu werden strategische Geschäftsfelder bestimmt.

> „Strategische Geschäftsfelder sind Produkt-/Marktkombinationen, die unabhängig von anderen geführt werden, allenfalls liquidiert werden können und eine relativ grosse Stabilität bezüglich Markt und Produkt aufweisen." (Bieger, 2008, S. 170).

Innerhalb der strategischen Geschäftsfelder wird ein Zielmarktsegment bestimmt. Grundlage hierfür ist die Marktsegmentierung. Ein Marktsegment beschreibt eine „[...] homogene, potentielle Abnehmergruppe, die sich voneinander durch ihren Bedarf, ihr Kauf- und Konsumverhalten und/oder differenzierten Reaktionen auf den Einsatz der Marketinginstrumente unterscheidet." (Bieger, 2008, S. 172). In der Vergangenheit erfolgte hierzu oftmals eine Einteilung nach geographischen (Herkunft), soziodemographischen (Alter, Geschlecht, Bildung) und psychographischen Kriterien (Werthaltung, Lebensstil). Diese Kriterien machen es nicht möglich den hybriden Kunden von heute zu erfassen und sollten daher nicht die alleinige Basis der Marktsegmentierung darstellen. Bedeutender erscheinen qualitativere Ansätze, welche die Wertehaltung, Einstellungen, Lebensphasen sowie Motive erfassen. Ein Familienvater hat andere Motive als ein junger Single. Solche Unterscheidungen können Positionierungsmöglichkeiten aufzeigen und/oder ermöglichen das Erarbeiten von Produkt-/Themen-Kombinationen, womit auch eine Differenzierung zu Konkurrenzangeboten möglich wird (vgl. Hallerbach, 2007, S. 180). Wird durch den Aufbau eines unverwechselbaren Nutzenangebotes eine Präferenz gegenüber anderen Leistungsanbietern oder in der Wahrnehmung des Gastes geschaffen, spricht man von einer „Unique Selling Proposition", kurz USP (vgl. Luft, 2001, S. 213).

Abb. 5: Mögliche Strategische Geschäftsfelder einer Mittelgebirgsdestination

Produkt / Markt	Wandern	Mountain-biking	Wellness/ Gesundheit	Genuss (regionale Küche/Weine)	Kultur und Erlebnis	Winter
Familien/ Kinder	SGF				SGF	SGF
Singles/ Paare ohne Kinder		SGF	SGF			SGF
Generation 50+ (aktiv)	SGF	SGF		SGF		
Senioren/ Kurgäste	SGF		SGF	SGF	SGF	

Quelle: Eigene Darstellung in Anlehnung an Bieger, 2008, S. 170.

Abbildung 5 zeigt mögliche Strategische Geschäftsfelder einer Mittelgebirgsdestination in Bezug auf Produkt und Markt.

Innerhalb der Zielmarktstrategie können für die einzelnen strategischen Geschäftsfelder unabhängige Strategien entwickelt werden. Das SGF Mountainbiking/Singles kann eine andere Strategie verfolgen als das SGF Wandern/Senioren. „Diese Konzentration der Ressourcen und Kräfte auf eine bestimmte Kundenschicht ermöglicht vielen Unternehmen erst ein Überleben auf dem vom Verdrängungswettbewerb gekennzeichneten Käufermarkt.“ (Hallerbach, 2007, S. 172). In der Praxis werden gleichartige Produkte oftmals zu Themen zusammengefasst. Im Harz beispielweise werden dem Thema „Aktiv“ die Angebote zum Mountainbiking, Wandern und Nordic-Walking zugeordnet.

Mit der Marketingstrategie ist außerdem das Verhalten der Destination gegenüber der Konkurrenz festzulegen, mit dem Ziel sich erfolgreich von dieser abzugrenzen. Ausgangspunkt für den Vergleich mit der Konkurrenz sollte die Positionierung des Produktes sein. Mit der Positionierung wird das Produkt einem bestimmten Zielmarkt zugeordnet und mit den entsprechenden Eigenschaften gefüllt (vgl. Bieger, 2008, S. 175).

Die Entwicklung einer Marketingstrategie unterliegt einem strategisch geplanten Prozess, welchem eine Analysephase bezogen auf die Stärken und

Schwächen sowie Chancen und Gefahren der Destination vorangeht, und die Formulierung der Positionierungsziele, die Bestimmung der strategischen Geschäftsfelder, die Auswahl der Strategien und der Umsetzungsmaßnahmen umfasst (vgl. Bieger, 2008, S. 168).

Weiterführend ist hervorzuheben, dass sich die Marketinganstrengungen für eine Destination außerdem auf verschiedenen Ebenen abspielen. Denn neben den Aktivitäten der einzelnen Anbieter fließen auch Marketingmaßnahmen von übergelagerten (von der DTZ oder von den Landesorganisationen) und nachgelagerten Tourismusorganisationen (z. B von Gemeinden oder anderen Tourismusverbänden) in das Destinationsmarketing mit ein.

Abb. 6: Verschiedene Ebenen der Marketinganstrengungen

Anbieter
Lokale Tourismus-organisation
Regionale Tourismus-organisation
Nationale Tourismus-organisation
Kunde

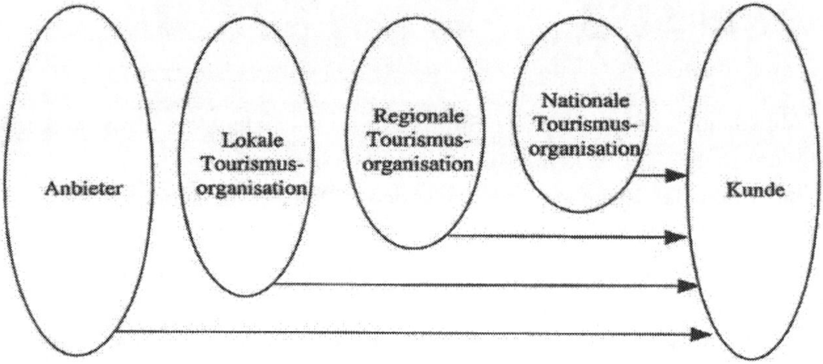

Quelle: Bieger, 2008, S. 220.

Im Idealfall ergänzen sich die Marketinganstrengungen der unterschiedlichen Ebenen. Ist es einer Tourismusorganisation allerdings nicht möglich die einzelnen Aktivitäten in einem koordinierten Marketing-Mix aufeinander abzustimmen, entsteht eine widersprüchliche Positionierung auf dem Markt. Beim Kunden wird kein prägnantes bzw. starkes Image aufgebaut und es ist nicht möglich sich erkennbar von der Konkurrenz abzuheben. Bei einer unkoordinierten Erstellung und Verteilung von Werbematerialien auf unterschiedlichen Ebenen werden außerdem unnötig Ressourcen verschwendet.

Es gilt somit, die verschiedenen Wirkungsgebiete aufeinander abzustimmen. Für eine Destination ist es sinnvoll, in dem Markt ein individuelles Marketing zu betreiben, wo sie der Kunde als eigenständiges und zusammenhängendes Produkt wahrnimmt. Tourismusorganisationen sollten somit in ihrem Markt/Leistungsbereich, gleichzusetzten mit den strategischen Geschäftsfeldern, das Marketing für ein eigenständiges und erfolgversprechendes Produkt betreiben. Vor diesem Hintergrund gründen sich subregionale Verkehrsverbände, welche aus dem Pool eines heterogenen Destinationsangebotes ein eigenständiges Produkt vermarkten und unterhalten (vgl. Bieger, 2008, S. 221). Diese Entwicklung ist auch im Mountainbike-Tourismus erkennbar. So betreiben viele Mittelgebirgsregionen sogenannte Mountainbike-Arenen oder Mountainbike-Parks über eigenständige Agenturen, Zweckverbände oder Vereine. Der Vorteil liegt in der homogenen Präsentation eines auf die Zielgruppe abgestimmten Produktes.

Zusammenfassend erfolgt über das Erstellen von Marketingkonzepten die strategische Planung der Destination. Die Strategien sollten innerhalb der unterschiedlichen Wirkungsbereiche der Destination abgestimmt sein und einen mittelfristigen Zeitraum umfassen, um aktuelle Marktentwicklungen berücksichtigen zu können. Im taktischen und operativen Marketing werden die Strategien über einen abgestimmten Instrumenten-Mix umgesetzt.

2.3.1 Instrumenteneinsatz im Marketing-Mix einer Destination

Marketinginstrumente sind die Werkzeuge, Bieger bezeichnet sie auch als Aktionsvariablen, mit denen die Nachfrage auf das Angebot beeinflusst werden soll (vgl. Bieger, 2008, S. 192). Ihr Einsatz wird vorgelagert mit der Marketingstrategie festgelegt (strategisches Marketing) und dementsprechend im taktischen Marketing ausgestaltet, um schließlich im Rahmen des operativen Marketings umgesetzt bzw. implementiert zu werden (vgl. Freyer, 2009, S. 424).

In der deutschen und amerikanischen Literatur werden die Instrumente häufig in vier Gruppen unterteilt und als die 4 P´s bezeichnet: Produkt (product), Preis (price), Distribution/Vertrieb (placement) sowie Werbung/Kommunikation (promotion).[2] Eine strikte Trennung zwischen den Instrumenten findet in der Praxis selten Anwendung und auch in der Literatur werden sie teilweise zusammengefasst.

---

[2] An dieser Stelle soll auf eine Erweiterung des traditionellen 4er Instrumentariums verzichtet werden. Vertiefende Ausführungen hierzu in Freyer, 2009, S. 425 ff. und Wiesner, 2008, S. 140 ff.

Mit der Produkt- und Preispolitik, zusammengefasst als Angebotspolitik, der Vertriebspolitik sowie der Kommunikationspolitik sind es drei Instrumentalbereiche, die auf den Markt einwirken können und zum Ziel haben, eine wettbewerbsfähige Positionierung zu erzeugen. Die Angebotspolitik, als wichtigstes Instrument, erzeugt hierbei die eigentliche Leistung und bestimmt die Nutzenerwartung des Abnehmers. Die Vertriebspolitik, welche die Verfügbarkeit festlegt, und die Kommunikationspolitik, um den Bekanntheitsgrad zu erhöhen und ein Image beim Kunden aufzubauen, müssen sich an ihr orientieren (vgl. Kreilkamp, 1998, S. 329).

Die Aktivitäten innerhalb der Instrumentengruppen müssen aufeinander abgestimmt sein und sich in einem optimalen Marketing-Mix ergänzen und unterstützen, damit eine wettbewerbsfähige Marktpositionierung in einem Gästesegment erzielt werden kann (vgl. Bieger, 2008, S. 192). Für eine Destination, die sich auf das Thema Mountainbiking spezialisiert hat und dieses Marktsegment bearbeitet, zeigt Abbildung 7 die Marketinginstrumente mit möglichen Merkmalen.

Abb. 7: Möglicher Marketing-Mix im Mountainbike-Tourismus

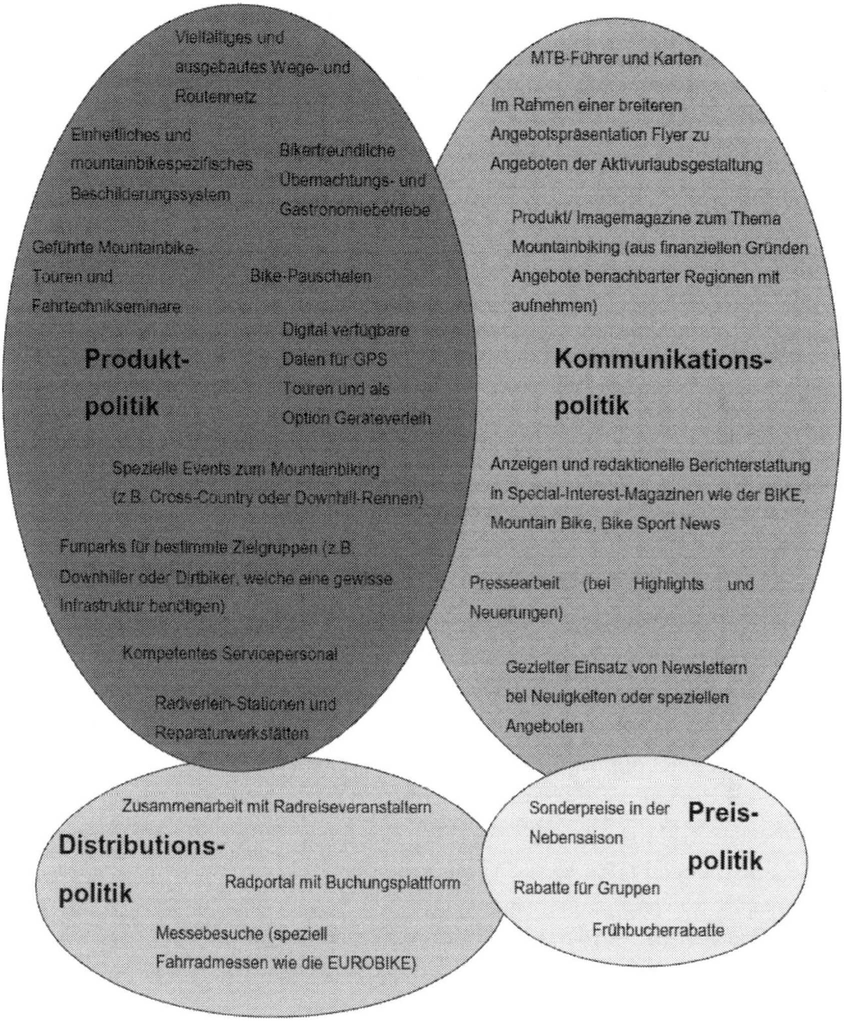

Produkt-politik

Vielfältiges und ausgebautes Wege- und Routennetz

Einheitliches und mountainbikespezifisches Beschilderungssystem

Bikerfreundliche Übernachtungs- und Gastronomiebetriebe

Geführte Mountainbike-Touren und Fahrtechnikseminare

Bike-Pauschalen

Digital verfügbare Daten für GPS Touren und als Option Geräteverleih

Spezielle Events zum Mountainbiking (z.B. Cross-Country oder Downhill-Rennen)

Funparks für bestimmte Zielgruppen (z.B. Downhiller oder Dirtbiker, welche eine gewisse Infrastruktur benötigen)

Kompetentes Servicepersonal

Radverleih-Stationen und Reparaturwerkstätten

Kommunikations-politik

MTB-Führer und Karten

Im Rahmen einer breiteren Angebotspräsentation Flyer zu Angeboten der Aktivurlaubsgestaltung

Produkt/ Imagemagazine zum Thema Mountainbiking (aus finanziellen Gründen Angebote benachbarter Regionen mit aufnehmen)

Anzeigen und redaktionelle Berichterstattung in Special-Interest-Magazinen wie der BIKE, Mountain Bike, Bike Sport News

Pressearbeit (bei Highlights und Neuerungen)

Gezielter Einsatz von Newslettern bei Neuigkeiten oder speziellen Angeboten

Distributions-politik

Zusammenarbeit mit Radreiseveranstaltern

Radportal mit Buchungsplattform

Messebesuche (speziell Fahrradmessen wie die EUROBIKE)

Preis-politik

Sonderpreise in der Nebensaison

Rabatte für Gruppen

Frühbucherrabatte

Quelle: Eigene Darstellung nach ADFC, 2001.

Eine Tourismusorganisation mit der Aufgabe die Instrumente zentral zu steuern, hat allerdings unterschiedlich großen Einfluss auf die einzelnen Instrumentengruppen.

Im Bereich der Produktpolitik ist der Einfluss der Tourismusorganisation klein, da nur beschränkt auf die Qualität und das Angebot der Teilleistungen Einfluss genommen werden kann. Daher muss es einer Tourismusorganisation gelingen, über eine kooperative Zusammenarbeit mit den Leistungsträgern das touristische Angebot indirekt zu beeinflussen. Denn die Bedeutung der Angebotsgestaltung ist im Rahmen des Destinationsmarketings besonders groß. Der Gast bewertet seinen Aufenthalt als Gesamterlebnis. Wird ein Aspekt in der Dienstleistungskette als negativ empfunden, z. B. schlecht ausgeschilderte Routen oder unfreundliche Gastwirte, wenn es darum geht, nach einer Tour das Bike zu reinigen, überträgt sich diese negative Empfindung auf die Bewertung der Gesamtdestination. Das hätte zur Folge, dass der Kunde unzufrieden ist, nicht die Absicht hat, die Destination erneut zu besuchen und Bekannten/Verwandten keine Empfehlung für das Gebiet ausspricht (vgl. Bieger, 2008, S. 263). Den Gast zufrieden zu stellen, um ihn so an sich zu binden und eine Weiterempfehlung auszusprechen, sollte somit das oberste Ziel der Produktpolitik sein.

Direkte Einflussmöglichkeiten auf das touristische Angebot einer Destination können Tourismusorganisationen durch die Gestaltung und Vermarktung von Packages ausüben (vgl. Bieger, 2008, S. 263 f.). Dazu wird ausführlich in Kapitel 3 Bezug genommen.

Luft verweist auf besondere Anforderungen innerhalb der Angebotspolitik. Für eine marktgerechte Zusammenstellung der Leistungen bedarf es einer horizontalen und vertikalen Integration der einzelnen Leistungsträger. Durch die Konzentration des touristischen Angebotes auf überörtlicher Ebene, also in „einer Hand“, kann die Leistung qualitativ besser abgestimmt werden. Zum anderen können sich mehrere kleine Tourismusbetriebe zusammenschließen, um attraktive Gesamtangebote zu erstellen. Als Devise gilt „Konzentration durch Kooperation“, um die Eigeninitiative und Kreativität zu wahren (vgl. Luft, 2001, S. 218 f.).

Bezogen auf die Preispolitik ist der Einfluss der Tourismusorganisation praktisch inexistent. Sie kann hier nur beratend einwirken, indem Preisstrukturen für die Destination angeregt und kommuniziert werden. Indirekt besteht Einfluss über die Preise von Zusatzprogrammen, z. B. die Touristikcard und der Kurtaxe. In der Bedeutung für das Marketing spielt die Preispolitik nur bei auswechselbaren und vergleichbaren Standardprodukten, wie z. B. Familienferien in mittelgroßen Skigebieten, eine große Rolle (vgl. Bieger, 2008, S. 194).

In der Distributionspolitik hat die Tourismusorganisation bedingt Einfluss. Oftmals verfügen große Hotels, lokale und überregionale Veranstalter über eigene Verkaufskanäle und Verkaufsorganisationen. Durch den Trend zu kurzfristigen Buchungen ist hier die Bedeutung für das Marketing groß (vgl. Bieger, 2008, S. 195). Für Destinationen ist es außerdem bedeutsam ein verkaufsfertiges Produkt anzubieten, was ebenfalls über die Gestaltung von Packages erreicht werden kann.

Die Kommunikationspolitik spielt in zweierlei Hinsicht die bedeutendste Rolle für den Erfolg einer Destination. In einem weiteren Sinn ist Kommunikation ein Austausch von Informationen, Meinungen und Ideen zwischen beteiligten Anspruchsgruppen. Bezogen auf das Segment Mountainbiking spielen in der Destination folgende Anspruchsgruppen eine bedeutende Rolle: Forst, Vereine, Politik, Wirtschaft (z. B. Geldgeber im Rahmen von Förderprogrammen), Naturschutz, Tourismus, Naturpark, Jagd, Bevölkerung und Leistungsträger (vgl. Flesch, 2007, S. 45). Um erfolgreich im Mountainbike-Tourismus agieren zu können, ist es Aufgabe des Managements, also der Tourismusorganisation, die verschiedenen Interessengruppen an einen „runden Tisch" zu bringen. Die Kommunikation untereinander sollte hierbei im Mittelpunkt stehen (vgl. Bieger, 2008, S. 197).

Im Rahmen einer engeren Betrachtungsweise beinhaltet die Kommunikationspolitik die klassische Werbung und Public Relations und ist somit dem Marketing zuzuordnen. Ziel ist es ein Image aufzubauen, Produkt- und Unternehmensvorteile aufzuzeigen und Bekanntheit zu erlangen. Der Kunde und das Produkt im Zielmarkt stehen dabei im Fokus der Kommunikationsarbeit. Um ein einheitliches Bild der Destination aufzuzeigen ist es wichtig, die Kommunikation im Rahmen des Managements und die Kommunikationsmaßnahmen im Marketing zu koordinieren. Widersprüchliche Aussagen oder Formulierungen würden zu keinem klaren Image beitragen (vgl. Bieger, 2008, S. 197). Äußert sich z. B. die Politik über das Auftreten von Mountainbikern negativ, während die Tourismusorganisation die Region als beliebtes Bikerziel vermarktet, kann kein überzeugendes Image bei den Bikern und kein Vertrauen in der Bevölkerung aufgebaut werden.

Luft kritisiert, dass sich viele Tourismusregionen im Marketing-Mix auf die Primärfunktionen wie PR-Arbeit, Anzeigenwerbung, Messeauftritte und das Bereitstellen von Prospekten und Informationsmaterial beschränken. Damit können zwar Urlaubswünsche geweckt werden, jedoch bedarf es einer verkaufsorientierteren Präsentation des Urlaubsgebietes. Etwa über gezielte Angebotsinformationen, ortsübergreifende Aufenthaltsvorschläge und buchbare Einzelleistungen und Pauschalen (vgl. Luft, 2001, S. 67).

3 Packages als Möglichkeit der Einflussnahme auf das touristische Angebot einer Destination

In den Ausführungen zur Produktpolitik wurde bereits darauf hingewiesen, dass die Tourismusorganisation mit der Gestaltung und Vermarktung von Packages direkt Einfluss auf das touristische Angebot der Region ausüben kann. In der Praxis wird in diesem Zusammenhang auch von Pauschalangeboten oder Arrangements gesprochen. Luft bezeichnet die Erstellung von Leistungsarrangements auch als Eigentouristik (vgl. Luft, 2001, S. 268). Ein Package beschreibt die Bündelung von verschiedenen Teilleistungen, welches als ein (!) Produkt über verschiedene Distributionskanäle angeboten werden kann. Es ist somit ein konkret buchbares Produkt, kann aber auch Ideengeber für den potentiellen Gast sein (vgl. Bieger, 2008, S. 270).

3.1 Funktionen und Charakteristika von Packages

Packages verfolgen zwei Zielrichtungen. Zum einen stellt ein Package ein konkretes Verkaufsprodukt dar. Es enthält verschiedene Teilleistungen, wie z. B. Unterkunft, Verpflegung, Unterhaltung/Animation, Transfers oder Transport. All diese Leistungen sind abstrakt und schwer zu beschreiben. Die Pauschalisierung hilft, das Gesamtprodukt zu vergegenständlichen und eine mögliche Problemlösung für den Gast aufzuzeigen, welcher sich folglich nur noch für ein Leistungsbündel entscheiden muss. Für den Kunden wird die Kaufentscheidung erleichtert und nimmt weniger Zeit in Anspruch. Lediglich ein Vertragspartner kümmert sich um den reibungslosen Ablauf der Reise. Durch den Gesamtpreis sind die Kosten der Reise vorab besser kalkulierbar und der Gast profitiert oftmals von günstigeren Preisen im Vergleich zur selbstorganisierten Reise. Er hat weniger organisatorischen Aufwand vor und im Urlaub und bekommt die Durchführung der Leistung rechtlich zugesichert (vgl. Luft, 2001, S. 268 f.). Für die Destination wird mit den Packages das touristische Angebot erweitert, womit zusätzliche Gäste akquiriert werden können (vgl. Bieger, 2008, S. 270).

Zum anderem soll dem potentiellen Gast eine mögliche Urlaubsform vorgestellt werden. Das ist vor dem Hintergrund interessant, dass der Gast in seinem Kaufentscheidungsprozess zuerst die Urlaubsform festlegt (z. B. Aktiv- oder Erholungsurlaub) und dann nach der Region sucht, die das entsprechende Angebot dazu aufweist (vgl. Luft, 2001, S. 17). Damit kommt der Werbewirkung der Packages eine besondere Bedeutung zu. Mit einem Package können gezielt Angebote und Highlights einer Region präsentiert werden. Sie zeigen dem Gast einige Möglichkeiten auf, wie er seinen Urlaub verbringen kann und werden daher auch als „Motivatoren“ und „Aushängeschilder“ bezeichnet. Dabei ist es möglich, dass der Gast nicht das angebotene Package bucht, sondern vielmehr durch die einzelnen Angebote inspiriert ist und sich sein eigenes Urlaubsprogramm zusammenstellt (vgl. Bieger, 2008, S. 270).

Das entsprechend auf die Urlaubsform geschnürte Gesamtpaket sollte somit gezielt auf einen potentiellen Gast zugeschnitten sein. Es muss im Rahmen der Angebotspositionierung festgelegt werden, welche Zielgruppe mit dem Package beworben werden soll und welche Positionierung auf dem Zielmarkt angestrebt ist. Mit der Positionierung ergibt sich der Kernnutzen, den das Package an die Zielgruppe vermitteln soll. Da der Kernnutzen die eigentliche Bedürfnisbefriedigung des Kunden darstellt, ist festzulegen, welche Motive und Bedürfnisse der Urlaubsentscheidung zugrunde liegen. Will der Mountainbiker sich in seinem Urlaub austoben und täglich Höhenmeter schaffen oder einfach die Natur genießen und den Ausgleich zum Alltag suchen. Die Packages sollten somit unterschiedliche Angebotsbestandteile beinhalten, je nachdem welcher Kernnutzen vermittelt werden soll (vgl. Bieger, 2008, S. 270). Um dann von der Zielgruppe entsprechend wahrgenommen zu werden, muss sich diesen strategischen Überlegungen ein eigenständiger und aufeinander abgestimmter Marketing-Mix anschließen (vgl. Luft, 2001, S. 269). Das wiederum rechtfertigt die Darstellung Freyers, welcher das Packaging in Anlehnung an Cowell und Morrison als eigenständiges Marketinginstrument benennt (vgl. Freyer, 2009, S. 427).

Zusammenfassend muss die Gestaltung der Packages in Abstimmung mit den anderen Marketinginstrumenten erfolgen und richtet sich zugleich nach einem eigenen Produktkonzept welches die angestrebte Positionierung, Zielgruppe, Produktnutzen und die Zusammensetzung des Programms (auch

Programm-Mix oder Programmstruktur[3]) beschreibt (vgl. Pompl, 2000, S. 77 ff.).

Methoden zur Zusammenstellung touristischer Packages sind in der Literatur nicht zu finden. Mit Blick auf Arbeiten zur Produktbündelung im Allgemeinen, lassen sich aber folgende Aussagen übernehmen. Nach Huber/Kopsch lassen sich zwei Hypothesen zur Produktbündelung im Bewusstsein der Nachfrager ableiten:

- Mit zunehmender funktionaler Zusammengehörigkeit der Bündelelemente, steigt die Kaufbereitschaft der Nachfrager für ein Produktbündel.
- Mit steigender Anzahl der Bündelelemente sinkt die Bereitschaft der Nachfrager zum Bündelkauf, da ihre Informationsverarbeitungs- und Aufnahmekapazität beschränkt ist. (Huber & Kopsch, 2007, S. 638).

Im Gegensatz zu Sachgüterpaketen kommt der funktionalen Zusammengehörigkeit der Leistungsbestandteile bei Servicebündeln, wie dem touristischen Package, eine größere Bedeutung zu. Für die erfolgreiche Zusammenstellung eines zielgruppenorientierten Leistungsbündels sind qualitative und quantitative Methoden der Marktforschung behilflich. Empfehlenswert sind der Einsatz von laddering interviews und/oder des Conjoint Measurements (vgl. Huber & Kopsch, 2007, S. 639). In Anbetracht der eher geringen finanziellen Mittel im Bereich Tourismus muss allerdings die Frage gestellt werden, ob solche aufwendigen und kostspieligen Methoden für die Erstellung von touristischen Packages sinnvoll sind.

Aus Anbietersicht lässt sich ein Package in organisatorische, wirtschaftliche, rechtliche und soziale Elemente unterteilen, welche es zu verknüpfen gilt (vgl. Bieger, 2008, S. 270 f.):

Innerhalb der organisatorischen Elemente ist zu bestimmen, wie das Packages gebucht werden kann, welche Leistungen es enthält und wie diese

---

[3] Die Programmstruktur kann mit den produktpolitischen Instrumenten der Produktdifferenzierung (Produkt in mehreren Variationen anbieten), Produktvariation (bisheriges Produkt oder Produktbestandteile verbessern), Produktinnovation (neue Produkte im Angebotsprogramm, auf dem Markt oder gänzlich neue Produkte anbieten) und Produktelimination (Ausmustern von Produkten) beeinflusst werden (Pompl, 2000, S. 82 f.).

aufeinander abgestimmt sind. Außerdem ist festzulegen, ob das Package ganzjährig, saisonal oder zu bestimmten Terminen angeboten wird.

Bei den wirtschaftlichen Elementen geht es um die preisliche Positionierung des Packages. Hierbei besteht die Möglichkeit, einen Gesamtpreis (Festpreis oder Ab-Preis) oder einzelne Leistungen, sogenannte Bausteine, mit separaten Preisen auszuweisen. Je nachdem, ob das Package von anderen Leistungsträgern eingekauft und angeboten oder an Veranstalter „weiterverkauft" wird, ist außerdem eine Provision zu bestimmen.

Im Rahmen der rechtlichen Elemente sind besondere Haftungsbedingungen bei den Packages zu berücksichtigen. Werden mehr als zwei Teilleistungen zu einem Gesamtpreis gebündelt, tritt die Tourismusorganisation als Veranstalter auf und erbringt alle Leistungen unter eigenem Namen. Folglich muss diese für die Gesamtheit der Leistung haften, da die einzelnen Leistungsträger die Erfüllung der Leistung lediglich unterstützen.[4] Um von der Position des Reiseveranstalters abzurücken, muss ausdrücklich auf den entsprechenden Leistungserbringer im Katalog oder Prospekt hingewiesen und die Preis- und Rechnungserstellung getrennt ausgewiesen werden (vgl. Luft, 2001, S. 272).

Die sozialen Elemente bestimmen, in welchem Maße eine Beratung beim Verkauf der Packages stattfindet, ob das Package speziell für Gruppen oder eher für Individualgäste geeignet ist, inwieweit eine Betreuung, z. B. geführte Touren, geboten wird und ob eine gezielte Begegnung mit den Einheimischen, z.B. dem örtlichen Mountainbike-Verein, geplant ist.

Zur Erstellung und Vermarktung der Packages empfiehlt Bieger eine spezielle Operating-Abteilung in den Tourismusorganisationen einzurichten, welche als mögliches Profitcenter agieren soll. Jedoch weist er auch darauf hin, dass die Vermarktung von Packages „in den seltensten Fällen zu einer wesentlichen finanziellen Stütze der Tourismusorganisation werden kann."

---

[4] Die Vermarktungsträger fallen durch den Verkauf von Pauschalangeboten gemäß Reisevertragsrecht (BGB §§ 651a-l) in die Rechtsposition eines Reiseveranstalters. „Erklärungen eines Anbieters, die auf eine Vermittlertätigkeit und somit auf die Eigenverantwortlichkeit des betreffenden Leistungsträgers hinweisen, sind unwirksam, ‚wenn nach den sonstigen Umständen der Anschein begründet wird', daß sich der Anbieter als Reiseveranstalter zu erkennen gibt." (Luft, 2001, S. 272). Der „Anschein" wird mit dem bestehenden Gesamtpreis begründet. Weitere ausführliche Information hierzu und zur Kundengeldabsicherungspflicht und Insolvenzabsicherung in Luft, 2001, S. 272 ff.

(Bieger, 2008, S. 272). Dies wiederum hängt mit dem Wesen der Tourismusorganisation zusammen. Die Organisation verfolgt nicht das Ziel mit den Leistungsträgern in Konkurrenz zu treten. Als kooperative Unternehmung im Sinne einer Gesamtdestination ist diese außerdem nicht in der Position, wie es z.B. private Incoming Agenturen sind, beim Einkauf der Leistungen Druck auf die einzelnen Leistungsträger auszuüben, um günstigere Preise zu erzielen. Vielmehr sind die Leistungspartner eine wichtige Anspruchsgruppe, da sie die Tourismusorganisation über private oder öffentlich rechtliche Abgaben unterstützen. Die Organisation sollte somit eher unterstützend einwirken und die Leistungspartner zu eigenständigen Pauschalen ermuntern und unterstützend diese vermitteln. Denn oftmals fehlen „Volumen, Qualitäten und Eigenständigkeiten, welche die Aufnahme der Angebote in die Kataloge von Tour Operators erlauben." (Bieger, 2008, S. 272). Mit dem Anbieten von Packages können somit die Umsatzzahlen nicht Zielsetzung einer Tourismusorganisation sein, zumal oftmals nur die Unkosten gedeckt sind. Die ausgehende Werbewirkung steht folglich im Vordergrund bei den Packages. Als Ausnahme verweist Bieger auf Destinationen, welche sich auf spezielle Pauschalen, z.B. auf Incentive-Reisen, Kongresse oder größere Gruppen spezialisiert haben und damit Zusatzerträge erzielen (vgl. Bieger, 2008, S. 272). Für den Bereich des Mountainbike-Tourismus ist dies zu prüfen.

Abschließend ist anzumerken, dass Packages im Inlandsreiseverkehr an Bedeutung gewinnen, weil sie dem Trend einer kürzeren Reisedauer (z.B. Pauschalen übers Wochenende), einer gestiegenen Reisehäufigkeit und dem Erlebnisbedürfnis der Gäste entsprechen. In kurzer Zeit soll möglichst viel erlebt werden. Für Destinationen können Packages außerdem eine Möglichkeit der Kapazitätsauslastung in der Nebensaison darstellen (vgl. Luft, 2001, S. 268).

Auch in ausländischen Destinationen haben Pauschalangebote in den letzten Jahren zunehmend an Bedeutung gewonnen. Diese platzieren Pauschalen in den verschiedensten Medien vor dem Hintergrund, dass ausschließlich buch- und verkaufbare Produkte beworben werden sollen (vgl. Bieger, 2008, S. 270).

3.2 Unterschiedliche Arten von Packages und deren Eignung für das Destinationsmarketing

Im Folgenden werden unterschiedliche Ausprägungen von Packages erläutert. Zusätzlich soll eine Einschätzung zu deren Eignung für das Destinationsmarketing einer Tourismusorganisation erfolgen.

a. Das „herkömmliche“ Pauschalangebot

Mit dieser standardisierten Pauschalreise wird meist ein 7- bis 14-tägiger Aufenthalt in einer Destination beworben. Es beinhaltet die Unterkunft und allgemeine aufenthaltsbegleitende Zusatzleistungen (z.B. Stadtrundfahrten, Führungen, Eintritte zu Unterhaltungseinrichtungen wie Schwimmbad, Theater oder Casino). Solche Pauschalreisen werden in der Regel von größeren Reiseveranstaltern angeboten, z. B. im Rahmen von Städtereisen, und weisen eine geringe Profilierung der Destination auf. Für eine örtliche oder regionale Tourismusorganisation stellen selbstaufgelegte standardisierte Packages keine Verkaufschance dar, da sie gegenüber der Werbekraft (z.T. Kataloge in Millionenauflage) und dem Vertriebsnetz der Reiseveranstalter nicht konkurrenzfähig sind. Das bezieht sich auch auf die Leistungen, die Reiseorganisation und die Preise der Packages (vgl Luft, 2001, S. 269 f.).

b. Das „Themen-Package“

Solche Pauschalangebote beziehen sich auf spezielle Themen, wie z.B. Gesundheit/Wellness, Radfahren, Wandern oder Städtetouren. Somit wird das Programm gezielt nach den Gästebedürfnissen ausgerichtet und bezieht sich auf bestimmte Zielgruppen. Im Bereich der Kurzreisen gewinnen auch kulturtouristische Erlebnisprogramme an Bedeutung. Zudem sollten die Pauschalen einen örtlichen oder regionalen Identitätsbezug haben, um auch die Destination und nicht nur das Programm in den Köpfen der Besucher zu verankern. Im Vergleich zu den herkömmlichen Pauschalen hat die Tourismusorganisation mit den themenbezogenen Packages bessere Verkaufschancen gegenüber Großveranstaltern (vgl. Luft, 2001, S. 270).

c. Die „Baukasten-Pauschale“

Hierbei kann sich der Gast sein Aufenthaltsprogramm nach seinen eigenen Vorstellungen zusammenstellen. Die Standardleistungen sind zu einem Basispreis angeboten und zusätzlich werden Teilleistungen oder Ergänzungsbausteine offeriert, welche mit separaten Preisen dazu gebucht werden können. Das Leistungsbündel besteht somit aus vorselektierten und inhaltlich vorbestimmten Bausteinen, womit der Individualisierungsgrad begrenzt ist. Dennoch ist es ein Vorteil, dass der Gast selbst wählen kann, welche Zusatzleistungen er in Anspruch nehmen möchte. Allerdings muss das Preis-Leistungsverhältnis gegenüber der selbstorganisierten Reise überzeugen. Hierbei besteht der Vorteil, dass die Trennung in Teilleistungen günstigere Kalkulationsansätze für die Tourismusorganisation zulässt (vgl. Luft, 2001, S. 271; Stengel, 2004, S. 18).

d. Dynamic Packaging

Beim Dynamic Packaging wird bei der Kundenanfrage in einem aktiven und flexiblen Prozess das individuelle Leistungsbündel zu einem Gesamtpreis zusammengestellt. Dies erfordert die technische Unterstützung des Internets (vgl. Stengel, 2004, S. 26). „Für die Destinationen in ihrer vielgestaltigen Funktion als Leistungsträger, Anbieter von Leistungspaketen und Mittler in der Tourismusindustrie eröffnet sich mit dem Dynamic Packaging eine neue Möglichkeit der Vermarktung.“ (Stengel, 2004, S. 32). So könnten über den Vertriebsweg eines „Destinations-Dynamic-Packaging-Portals“ die Leistungen und Vakanzen der einzelnen Leistungsträger angeboten werden. Unter Einbeziehung aller touristischen Anbieter kann sich der Kunde selbst, zu jeder Zeit und nach seinen Wünschen und Vorstellungen sein Urlaubspaket zusammenstellen. Diese Individualisierungsmöglichkeit könnte eine Alleinstellung der Destination erreichen. „Mit einem derartigen Portal kann sich die gesamte Destination aufwerten.“ (Stengel, 2004, S. 32). So stellt das Dynamic Packaging einen neuen Vertriebsweg dar, indem über internet-unterstütze Intermediäre und Cybermediäre die Produkte vertrieben werden. Es ist möglich Dynamic Packaging über das Destinationsportal zu betreiben und unterstützend Beratungs- und Serviceleistungen durch die Tourismusorganisation anzubieten (vgl. Stengel, 2004, S. 71 f.).

„Herausforderungen für das Dynamic Packaging bestehen bezüglich der kostengünstigen Einbindung der Schnittstellen zu den Leistungsträgern in eine Dynamic Packaging-Plattform, bei welcher derzeit noch Kosten in einer Höhe entstehen, welche die mit Dynamic Packaging generierten Umsätze übertrifft." (Stengel, 2004, S. 103). Außerdem müssen ausreichend unterschiedliche Leistungsträger mit einbezogen werden, um eine kundenindividuelle Zusammenstellung des Paketes zu ermöglichen. Die Vermarktung muss sorgfältig geplant werden und es gilt, mehr Kunden von der dynamischen Reiseerstellung zu überzeugen (vgl. Stengel, 2004, S. 103).

Abschließend sind die bedeutendsten Packages bezüglich ihrer Zielsetzungen, ihren Voraussetzungen und der Zweckmäßigkeit in Tabelle 1 gegenübergestellt.

Tab. 1: Gegenüberstellung der wichtigsten Packages

Art der Pauschale	Zielsetzung	Notwendige Voraussetzungen	Beurteilung der Zweckmäßigkeit
Themen-Package	Ein aufeinander abgestimmtes Produktbündel orientiert an den Bedürfnissen und Ansprüchen einer bestimmte Zielgruppe anbieten →**Werbewirkung**	Themenorientierte Akquise von Angeboten bei Leistungsträgern →zielgruppenorientierte Zusammenstellung und Gestaltung durch Marketingabteilung; Verkauf über ausgewählte Vertriebskanäle	Sehr empfehlenswert als Möglichkeit, die Highlights einer Region mit einem aufeinander abgestimmten und buchbaren Leistungsbündel zu kommunizieren.

Art der Pauschale	Zielsetzung	Notwendige Voraussetzungen	Beurteilung der Zweckmäßigkeit
Baukasten-Pauschale	Neben dem Angebot an Standardleistungen kann der Kunde individuell und seinen Ansprüchen entsprechend Teilleistungen dazu buchen **→Flexibilität**	Voraussetzungen wie Themen-Package; zusätzlich bedarf es einer angemessenen Präsentation und Verkaufsorganisation der Einzelleistungen	Empfehlenswert, um dem Gast die Möglichkeit zu geben, das Angebot seinen Bedürfnissen anzupassen, vom Bearbeitungsaufwand etwas aufwändiger.
Dynamic Packaging	Aus einem Pool von unterschiedlichen Leistungen stellt sich der Kunde individuell und in einem aktiven Prozess sein Leistungsbündel in Echtzeit selbst zusammen **→Individualität**	Technische Einbindung des Internets→ Erstellung eines Buchungsportals, in welches die Leistungen der verschiedenen Anbieter mit entsprechenden Preisen eingespeist werden, um am Ende den individuellen Gesamtpreis zu definieren	Bedingt empfehlenswert, da Bearbeitung aufwändig und kostspielig. Abhängig von der Größe und den finanziellen Mitteln der Destination/ Tourismusorganisation.

Quelle: Eigene Darstellung 2009.

4 Grundlagen zum Mountainbike-Tourismus

Der Radtourismus darf seit den 1980er Jahren als wesentliche Innovation im Tourismus gesehen werden und wird heute von Reiseveranstaltern und Tourismusregionen als neue Freizeit- und Urlaubsphilosophie angepriesen. Gründe hierfür liegen im gestiegenen Gesundheits- und Fitnessbewusstsein, Natur- und Kulturbedürfnis und dem Streben nach individueller Selbstverwirklichung. Zu Beginn profilierten sich die Flusstäler touristisch in dem Segment des Fahrradtourismus als Durchzugsregionen für Radwanderer. Als Klassiker gelten hier der Donau-Radweg, das Altmühltal oder der Weser-Radweg. Aber auch Urlaubsregionen mit einer anderen naturräumlichen Beschaffenheit, wie zum Beispiel die Mittelgebirge, schufen erfolgreich radtouristische Angebote. Auf der Nachfrageseite habe sich verschieden Typen von Radtouristen entwickelt, je nach Ausdruck des Lebensgefühls. (vgl. Miglbauer, 1995, S. 341 ff.).

Im Folgenden soll hierzu die Gruppe der Mountainbiker betrachtet werden und welche touristischen Angebote für diese, speziell in den Mittelgebirgsregionen, geschaffen wurden und welche Merkmale diese heterogene Zielgruppe auszeichnen.

4.1 Entwicklung des Mountainbikings

Das Mountainbiking, anfangs als vorübergehender Trend deklariert, ist mittlerweile ein etabliertes Segment in der Fahrradindustrie und im Tourismus (vgl. ADFC, 2001, S. 4). Mitte der siebziger Jahre in Kalifornien entstanden, fand es Ende der achtziger Jahre schnell eine breite Anhängerschaft in Deutschland (vgl. Froitzheim & Spittler, 1997) und hat sich als Sportart etabliert. Der Erfolg des Mountainbikings ist dabei auf unterschiedliche Faktoren zurückzuführen.

Im Mittelpunkt des Mountainbikings steht eine bestimmte Erfahrungs- und Erlebniswelt, welche sich mit den Motiven „Weg vom grauen Alltag, hinaus aus der Zivilisation, in die Einsamkeit und Schönheit der Natur“ beschreiben lässt (Froitzheim & Spittler, 1997) und damit den Bedürfnisse der modernen Gesellschaft entspricht. In der voranschreitenden Individualisierung und Erlebnisorientierung wird gezielt nach dem Abenteuer gesucht, welches sich vor allem in Freizeit und Urlaub als Kontrast und Extrem zum Alltäglichen verwirklichen lässt. Die Menschen wollen sich außerdem aktiv erholen und dabei ständig etwas Neues erleben. (vgl. Bieger, 2008, S. 6; Stiftung für Zukunftsfragen, 2009, S. 6f.).

Neben den gesellschaftlichen Rahmenbedingungen, welche die positive Entwicklung des Mountainbikings sowie anderer Outdoor- und Natursportarten begründen (vgl. Egner, 2000, S. 19), ist die Vielfältigkeit des Mountainbike ausschlaggebend für den Erfolg. Ein Mountainbike kann und ist mehr als nur ein Sportgerät. Es kann Freizeitbeschäftigung, Feierabend- und Urlaubssport, Fitness-Gerät, Image-Träger und Fortbewegungsmittel zugleich sein. Es ist gesund und abwechslungsreich und im Vergleich zu anderen Trendsportarten relativ kostengünstig und unkompliziert. Vor allem im Naherholungsbereich werden keine Transportmittel oder besondere Sportanlagen benötigt. Als „Lifetime-Sportart" spricht es alle Altersgruppen an und durch verschieden Modelle ist es jedem möglich, das für ihn geeignete Bike zu finden (vgl. Wöhrstein, 1998, S. 8 f.; ADFC, 2001, S. 4).

Durch diese Vielseitigkeit, die technische Weiterentwicklung und der fortschreitenden Individualisierung der Gesellschaft, entstanden im Mountainbiking, wie auch bei anderen Sportarten, Subkategorien (vgl. Egner, 2000, S. 13). Eine Abbildung zu den unterschiedlichen Formen im Mountainbiking befindet sich im Anhang.

4.2 Mountainbike-Tourismus als Standardangebot deutscher Mittelgebirgsregionen

Das Mountainbiking entwickelte sich in den letzten Jahren am dynamischsten von allen Natursportarten. Während die Tourismusbranche im südlich angrenzenden Ausland (vor allem im Alpenraum) die lukrative Einnahmequelle des Mountainbike-Tourismus bereits seit Jahren nutzte, begannen in Deutschland ernsthafte Bemühungen erst Ende der 1990er Jahre. So hatte in einer 1995 durchgeführten Befragung der Fremdenverkehrsgemeinden das Mountainbiking in Deutschland nach der Schweiz, Österreich und Italien die geringste Bedeutung (vgl. Wöhrstein, 1998, S. 85). Die Gründe für die etwas zögerliche Haltung der deutschen Fremdenverkehrsregionen sind vielschichtig, wobei Unsicherheiten in der Planung und Umsetzung der benötigten Infrastruktur eine große Rolle spielen.[5] Dabei ist der Aufwand für die Gemeinden relativ gering, da die notwendige Infrastruktur für ein flächendeckendes Wegenetz bereits durch den Wegebau im Bereich Forst-, Jagd-, und Wanderwesen vorhanden ist (vgl. ADFC, 2001, S. 5 f.; Wöhrstein, 1998, S. 13).

Bei der Entwicklung von Mountainbike-Angeboten hatten die Planer und Touristiker außerdem mit Vorurteilen zu kämpfen. Anfangs galten die Mountainbiker als „radelnde Raudis", welche durch ihr Querfeldein fahren die Pflanzen- und Tierwelt (zer)stören und durch ihr rüpelhaftes und unvernünftiges Verhalten die Wanderer gefährden (vgl. Froitzheim & Spittler, 1997). Umfangreiche Studien im Bereich Umwelt attestieren dem Mountainbiking allerdings ein hohes Maß an Umweltverträglichkeit und eine positive Ökobilanz. Die Mountainbiker untereinander und auch gemeinsam mit Tourismusregionen verständigten sich auf Verhaltensleitlinien für ein rücksichtsvolles und nachhaltiges Handeln.[6]

Heute können Tourismusregionen bei der Planung auf umfangreiches und wissenschaftlich fundiertes Datenmaterial zurückgreifen, womit eine umweltverträgliche Integration des Mountainbikings unter Wahrung aller Interessen gewährleistet ist (vgl. ADFC, 2001, S. 6).

> „Grundsätzlich ist jedes Gebiet, das durch Wege erschlossen ist oder in einfacher Weise mit dem Mountainbike befahren werden kann, ein potentiell mögliches Mountainbike-Gebiet." (Froitzheim & Spittler, 1997).

Entscheidend ist die Nähe zur Natur. Allerdings werden bergige Gebiete und Regionen mit hoher Reliefenergie[7] bevorzugt. Mittelgebirge definieren sich über 450-1000 m hohe Gebirgszüge, fruchtbare Beckenlandschaften sowie landschaftlich interessante Flusstäler und erheben sich südlich des norddeutschen Tieflandes bis etwa 400 km weit nach Süden (vgl. Kern, 2001, S. 47). Aufgrund der topographischen Gegebenheiten bieten sich vor allem

---

[5] Es ist anzunehmen, dass der 2001 veröffentlichte Leitfaden zum Mountainbiking und die Gründung von Planungs- und Beratungsbüros wie dem Bike Management & Consulting unter Dr. Wöhrstein und Herrn Vollmer Unsicherheiten in Planung und Umsetzung minimiert haben.

[6] Fair biking der DIMB und Regeln der IMBA

[7] Hier kommen auch Grund- und Endmoränen sowie Talhänge in Frage.

Angebote im Bereich Aktiv- und Erholungstourismus an, wozu auch das Mountainbiking zu zählen ist (vgl. Petczelies, 1998, S. 161). So erkennen immer mehr Mittelgebirgsdestinationen im Mountainbiking eine Chance, dem altmodischen Image und den rückläufigen Besucher- und Übernachtungszahlen (vgl. Kern, 2001, S. 58 f.) entgegenzuwirken und auch jüngere Zielgruppen für ihre Region zu begeistern. Die Mountainbiker werden als unkompliunkompliziertes und zahlungskräftiges Klientel eingestuft und stellen somit eine lukrative Zielgruppe neben den Wanderern dar (mündl. Auskunft: Wöhrstein, 11.07.2009).

Die Konkurrenzsituation der deutschen Mittelgebirgsregionen bezogen auf den Mountainbike-Tourismus ist in der Zwischenzeit recht groß. Praktisch weist jedes Mittelgebirge, von wenigen Ausnahmen abgesehen, ein Angebot zum Thema Mountainbiking vor. So sind einige Destinationen bereits in der zweiten oder dritten Überarbeitung. Diese erkennen die positiven wirtschaftlichen Effekte, die vom Mountainbiking ausgehen und haben außerdem aus Fehlern gelernt, welche nun ausgebessert werden. Als Vorreiter im Deutschlandtourismus ist der Schwarzwald zu sehen. Mit heute über 8000 km beschilderten Mountainbike-Wegen ist dieser als stärkste Region einzuschätzen und auch bei der Zielgruppe die beliebteste Bike-Region Deutschlands (mündl. Auskunft: Wöhrstein, 11.07.2009; Mountain BIKE 01/2007, S. 9 f.).

Um sich als Mountainbike-Region von seinen Wettbewerbern abzugrenzen, bedarf es neben dem natürlichen Attraktivitätspotential und den nötigen infrastrukturellen Voraussetzungen, die zum Kernprodukt zählen und damit den Grund- bzw. Basisnutzen darstellen, Zusatzleistungen in Form von Leistungsfaktoren und Begeisterungsfaktoren.[8] Flesch hat hierzu die Angebots- und Infrastrukturelemente in Bezug zu den Leistungsebenen gesetzt (vgl. Flesch, 2007, S. 55 f.). Somit stellt folgende Abbildung die Elemente über den Kundennutzen dar, während Abbildung 7 ähnliche Elemente in Zusammenhang mit dem Marketing-Mix aufführt.

---

[8] Nach dem Drei-Faktoren-Modell von Matzler/Pechlaner/Siller (vgl. 2002, S. 445).

Abb. 8: Produkthierarchie und Kundennutzen im Mountainbike-Tourismus

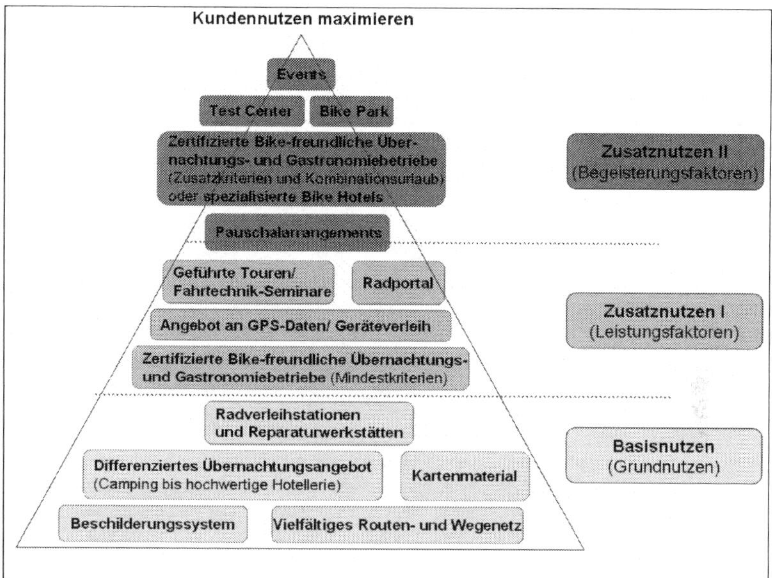

Quelle: Flesch, 2007, S. 56.

Wie Abbildung 8 verdeutlicht, gilt es über zielgruppenorientierte Zusatzangebote den Kundennutzen zu maximieren. Pauschalarrangements für das Segment Mountainbiking, welche vertiefend in Kapitel 6 untersucht werden, sind hierbei den Begeisterungsfaktoren zuzuordnen und stellen somit eine gute Möglichkeit dar, sich von den Basisangeboten der Konkurrenz abzuheben und können ein entscheidendes Kaufkriterium für den Kunden sein.

Um kundengerechte Angebote zu gestalten, ist es wichtig, die Zielgruppe bezüglich ihrer Merkmale darzustellen und ihre Motive und Einstellungen differenzierter zu betrachten.

4.3 Beschreibung der Zielgruppe Mountainbiker

Aufgrund der Formenvielfalt in der Fahrradindustrie (Trekkingrad, Tourenrad etc.) kann die Gruppe der Mountainbiker nicht über den Besitz eines Mountainbikes definiert werden, sondern wird über die Tätigkeit beschrieben.

Demnach ist Mountainbiking sportliches Fahrrad fahren abseits befestigter Straßen im Gelände (vgl. Heinz, 2007, S. 5; Froitzheim & Spittler, 1997). Folgende Abbildung stellt die verschieden Ausübungsformen, welche mit dem Mountainbike möglich sind, dar.

Abb. 9: Die Zielgruppe der Mountainbiker aus touristischer Sicht

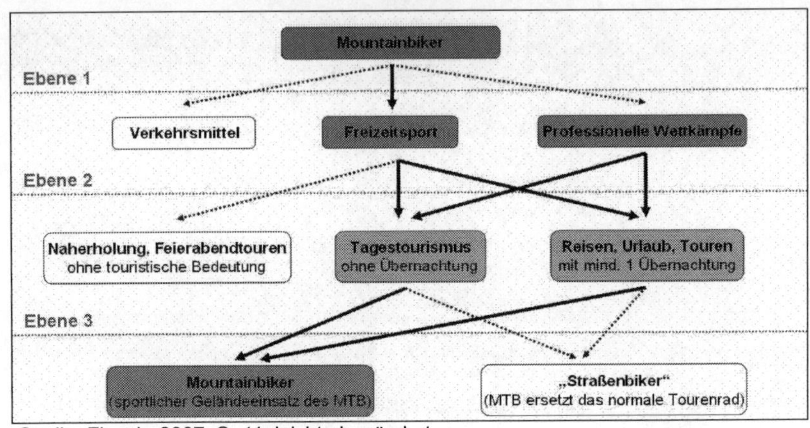

Quelle: Flesch, 2007, S. 41, leicht abgeändert.

Die Mountainbiker lassen sich in Ebene zwei in drei Bereiche unterteilen, wobei lediglich der Freizeitsprort und professionelle Wettkämpfe eine Bedeutung für den Tourismus darstellen. Auf Ebene drei sind Mountainbiker im Rahmen der Naherholung und Feierabendtouren ohne touristische Bedeutung, während der Tagestourismus und Mountainbike-Urlaube durchaus interessant für eine Destination sind. Auf der letzten Ebene wird schließlich zwischen Mountainbikern und Straßenbikern unterschieden. Letztere ist nach definitorischen Kriterien auszuschließen.

Die aktuelle Größe der Zielgruppe, wie sie sich in Abbildung 9 blau hinterlegt darstellt, ist relativ schwierig zu bestimmen. Gründe hierfür liegen in dem geringen Organisationsgrad der Sportart und der großflächigen Verteilung der Mountainbiker im Gelände. Einige empirische Studien beziehen sich auf abgrenzbare Gebiete und liefern somit keine repräsentativen Aussagen zur Zielgruppe der Mountainbiker in Deutschland. Andere Studien enthalten Daten zu den jährlichen Verkaufszahlen der

Mountainbikes, wobei allerdings auch solche erfasst werden, die für den Straßenverkehr und nicht im Gelände genutzt werden (vgl. Flesch, 2007, S. 43).

Die 2008 durchgeführte Studie „Radreise der Deutschen“ der Firma trendscope liefert ein erstes repräsentativen Gesamtbild des Radreisemarktes. Die Abbildung der Grundgesamtheit wurde durch die Quotierung der Stichprobe anhand von Geschlecht, Alter und Art des Radurlaubs bzw. Radausflugs erreicht. Neben den Regio-Radlern, Radwanderern und Rennradfahrern wurde mit der Art des Urlaubs bzw. Ausfluges[9] auch die Zielgruppe der Mountainbiker untersucht.

Auf Grundlage der Studie und in Ergänzung weiterer empirischer Untersuchungen können zur Zielgruppe der Mountainbiker folgende Aussagen getroffen werden:

- **DEMOGRAFISCHE MERKMALE**

Der Durchschnittsmountainbiker ist männlich, ca. 30 Jahre alt und verfügt über einen hohen Bildungsabschluss und ein überdurchschnittliches Einkommen (vgl. Wöhrstein, 1998, S. 39; Heinz, 2007, S. 17). Andere Studien kommen zu vergleichbaren Ergebnissen.[10] Nach Wöhrstein ist das Durchschnittsalter in den letzten Jahren allerdings stark angestiegen. Grund hierfür ist der heutige Einstieg im höheren Alter, da ältere Menschen das Mountainbiking als gesundheitsschonendere Sportart entdecken (mündl. Auskunft: Wöhrstein, 11.07.2009). Bei der geographischen Verteilung ist ein deutliches Süd-/Nordgefälle festzustellen (vgl. Wöhrstein, 1998, S. 47), was aufgrund der topographischen Gegebenheiten nur sinnvoll erscheint.

- **MOTIVE**

Die Motive und Bedürfnisse der Zielgruppe sind bei der Gestaltung des Angebotes und der Vermarktungsmaßnahmen von zentraler Bedeutung (vgl.

---

[9] Radurlaube umfassen übernachtungsgebundene Radkurzurlaube (1 bis 3 Übernachtungen) und Radurlaube (mehr als 3 Übernachtungen).
Bei den Radausflügen wurden solche berücksichtigt, die außerhalb des eigenen Wohnortes unternommen wurden und eine Mindestdauer von 2 Stunden hatten (vgl. trendscope, 2008).

[10] Siehe auch Cessford, 1995, S. 7 f.; Vollmer, 1999, S. 62, Watzek, 1999, S. 64 ff.

Heinz, 2007, S. 20). Die folgende Tabelle stellt die Rangfolge der Motive der Mountainbiker, beginnend bei den wichtigsten bzw. am häufigsten genannten Beweggründen, gegenüber. Die Darstellung wurde auf die sechs bedeutendsten Motive reduziert.

Tab. 2: Die Motive des Mountainbikings

Trendscope: Marktstudie „Radreisen der Deutschen" (2008)	Heinz: Befragung Online und bei regionalen Radevents (2002)	Cessford: schriftliche Befragung in Neuseeland (1993/1994)
Sportlich aktiv sein	Um Spaß zu haben	Speed/excitement/risk
Nähe zur Natur	Um fit zu bleiben	Exercise/fitness/workout
Sich vom Alltag erholen	Um Natur zu erleben	Appreciating views/ scenery/nature
Flexibilität schätzen	Als Ausgleich zum Alltag	Exploring new areas
Etwas für die Gesundheit tun	Um nette Leute kennen zu lernen	Riding/socialising with friends
Abenteuerlust ausleben	Aus sonstigen Gründen	Racing and race training

Quelle: Eigene Darstellung nach trendscope, 2008; Heinz, 2007, S. 23, Cessford, 1995, S. 14.

Von der trendscope Studie sind die Motive der Mountainbike-Urlauber dargestellt, während Heinz seine Ergebnisse aus der Befragung von Radevent-Teilnehmern in Willingen und Daun bezieht. Cessfords Studie liefert Daten von Mountainbikern aus Neuseeland. Dieser Vergleich zwischen verschiedenen Typen und Herkunftsregionen weist bei den Motiven keine wesentlichen Unterschiede auf. „Speed/excitement/risk" stellen als sog. „thrill" ein Element von Spaß dar (vgl. Heinz, 2007, S. 21). Somit sind Fitness, Naturnähe, Spaß und Ausgleich zum Alltag die wichtigsten Motive beim Mountainbiking. Hierbei spielt auch die soziale Komponente eine große Rolle. So sind 43 % der Mountainbike-Urlauber mit Freunden bzw. Bekannten und

31% mit dem Partner unterwegs. Weniger bedeutende Motive sind Kultur, Komfort und wenig Geld auszugeben (vgl. trendscope, 2008).

- **ANSPRÜCHE AN DIE ANGEBOTSGESTALTUNG**

Die größte Bedeutung bei den Angebotselementen sind eine verkehrsarme und abwechslungsreiche Streckenführung für ein Steigungs-, Abfahrts- und Streckenerlebnis (single trails), eine mountainbikefreundliche Beschilderung, ein guter Zustand der Radwege und trails, fahrradfreundliche Unterkünfte und Einkehrmöglichkeiten. Der Vergleich zu den Radwanderern oder Regio-Radlern sowie die Studie von Watzek zeigt den Mountainbiker als unkompliziert und leichter zufrieden zu stellen (vgl. trendscope, 2008; Watzek, 1999, S. 112). Das Mountainbike-Streckennetz gilt als Kern der touristischen Dienstleistung und ist Grundlage für weiterführende Angebote (vgl. Heinz, 2007, S.49; mündl. Auskunft: Wöhrstein, 11.07.2009). Mietangebote spielen eine untergeordnete Rolle, da 92% der Mountainbiker ihr eigenes Fahrrad nutzen (vgl. trendscope, 2008). Als Serviceangebot ist ein MTB-Verleih aber Grundvoraussetzung. „Sichere, attraktive Räder zu moderaten Preisen werden nachgefragt, sollte ein Ersatzrad benötigt oder ein neues Modell getestet werden." (ADFC, 2001, S. 39).

- **REISEVERHALTEN**

Nach der trendscope Studie befanden sich 13% der 2.452 befragten Radurlauber im Mountainbike-Urlaub (7% mit fester Unterkunft und 6% mit wechselnder Unterkunft). Mountainbiker unternahmen in den letzten drei Jahren durchschnittlich 3,36 Radurlaube und 4,75 Radkurzurlaube und liegen damit vor den Regio-Radlern und Radwanderern. Die durchschnittliche Urlaubslänge beträgt ca. eine Woche (vgl. trendscope, 2008). Nach Angaben des ADFC verreist der Mountainbiker auch häufiger als der deutsche Durchschnittstourist. „Nahezu 90% machen mindestens einen Urlaub von 2-4 Tagen Dauer [...], die Mehrzahl unternimmt sogar etwa drei solcher Reisen pro Jahr." (ADFC, 2001, S. 10). Flesch betont neben dem Potential von Kurzurlauben die Bedeutung der Tagesausflüge, da 95% dieser deutsche Destinationen zum Ziel haben (vgl. Flesch, 2007, S. 40 f.). Dabei tätigen die

Mountainbiker durchaus hohe Tagesausgaben und stellen somit eine lukrative Zielgruppe dar (vgl. Fredlmeier, 2003, S. 53). Außerdem ist der Mountainbiker ein Gast der gerne wiederkommt. Dies begründet sich mit dem Trainingsfaktor. Der Mountainbiker kennt sich bereits im Gebiet aus und kann gezielt trainieren (mündl. Auskunft: Hürten, 02.04.2009).

Für den Mountainbike-Urlauber steht das Biken im Mittelpunkt und ist die Hauptbeschäftigung. Bei Zusatzangeboten sind Cross-Country-Rennen und Fahrtechnikkurse noch am bedeutendsten, gefolgt von sportmedizinischen Angeboten wie Leistungsdiagnostik oder Ernährungsberatung, welche ebenfalls einen Bezug zum Mountainbike-Sport haben. Auf geführte Touren und das Ausprobieren anderer Trendsportarten wird weniger Wert gelegt (vgl. Heinz, 2007, S. 50 f.). Wöhrstein unterstreicht, dass Mountainbiker Individalisten sind (mündl. Auskunft: Wöhrstein, 11.07.2009). Das zeigt sich auch bei der Wahl der Unterkunft und der Verpflegung. Die bevorzugten Unterkünfte sind Ferienwohnungen und Pensionen, gefolgt von Hotels, wobei hier Sporthotels bevorzugt werden. Somit verpflegen sich auch 38% der Mountainbike-Urlauber selbst. Erst an zweiter Stelle wird Übernachtung mit Frühstück genannt, 12% buchen Halbpension und 16% gehen in Restaurants/Cafe´s essen (vgl. trendscope, 2008; auch Heinz, 2007, S. 52 f.). Wöhrstein behauptet zudem, dass der Urlaub mit dem Wohnmobil auch bei den Mountainbikern an Bedeutung gewinnt. Diese Behauptung wird von Flesch´s Erhebung unterstützt, wonach 18% der befragten Mountainbiker mit dem Wohnmobil anreisten (mündl. Auskunft: Wöhrstein, 11.07.2009; Flesch, 2007, S. 101).

Bei den Lieblingsurlaubszielen der Mountainbiker liegen ca. 50% in der Alpenregion. So werden unter den Top 10 erst an fünfter Stelle der Schwarzwald und an zehnter Stelle der Harz genannt (vgl. trendscope, 2008). Heinz nimmt an, dass für Kurzurlaube eher nähere Gebiete in Betracht gezogen werden und längere Urlaube für Alpenüberquerungen und entferntere Reiseziele genutzt werden (vgl. Heinz, 2007, S. 43). Für Mittelgebirgsdestinationen sind somit Kurzurlauber und Tagesausflügler die interessantere Zielgruppe.

- **INFORMATIONS- UND BUCHUNGSVERHALTEN**

Die Mundpropagande ist auch im Mountainbiking die bedeutendste Informations- und Entscheidungsgrundlage (vgl. ADFC, 2001, S. 55). Somit sind Freunde und Bekannte die wichtigste Informationsquelle, gefolgt vom Internet und Special-Interest-Magazinen. Ebenfalls angenommen wird spezielle Reiseliteratur. Hierzu zählen Mountainbike-Karten und –Führer. Heinz empfiehlt, auf teure Messeauftritte und Broschüren als Werbemittel zu verzichten, da diese eher weniger als Informationsquelle genutzt werden (vg. Trendscope, 2008, Heinz, 2007, S. 46 f.).

Die Hälfte der Mountainbike-Urlaube werden direkt über die Unterkunft gebucht, 14% über Veranstalter und 13% über Tourismusinformationen, 11% über das Internet. Mit 8% spielen Reisebüros beim Buchungsverhalten kaum eine Rolle (vgl. trendscope, 2008).

Insgesamt handelt es sich bei der Zielgruppe der Mountainbiker um eine breite und sehr heterogene Personengruppe, welche sich hinsichtlich ihrer Motive, Einstellungen und dem Fahrverhalten weiter unterscheiden lässt (vgl. Wöhrstein, 1998, S. 11; ADFC, 2001, S. 11). Trendscope hat in der Studie auch psychographische Merkmale erfasst und hierzu vier Typologien herausgestellt. So lassen sich 26% der Mountainbike-Urlauber dem sportlichen Typ, 12% dem erfahrenen Typ, 10% dem interessierten Typ und 9% dem anspruchsvollen Typ zuordnen[11]. Diese Unterteilung erscheint allerdings unzureichend, um qualitative und zielgruppenangemessene Angebote zu erstellen.

Daher wird zur Differenzierung der Bedürfnisse und Motive die Gruppierung von Vollmer in Action- und Funbiker, Sport- und Naturbiker sowie Ruhe- und Erholungsbiker herangezogen. Bereits durch die

[11] Der sportliche Typ: Radurlauber die gerne gemeinsam unterwegs sind, um Sport zu treiben und Spaß zu haben.
Der interessierte Typ: Radurlauber, die sich mit Interesse an Natur, Kultur sowie Land und Leuten vom Alltag erholen möchten.
Der anspruchsvolle Typ: Radurlauber mit besonders hohen Ansprüchen und großem Beratungsbedarf.
Der erfahrene Typ: Radurlauber mit einem großen Erfahrungsschatz, die häufig alleine unterwegs sind, geringe Ansprüche an die radtouristische Infrastruktur stellen, wenig Geld ausgeben und häufig um Rat gefragt werden (vgl. trendscope, 2008).

Bezeichnungen ist eine erste Unterscheidung möglich. Die folgende Abbildung zeigt die unterschiedlichen Motive, Bedürfnisse und Einstellungen der einzellnen Segmente auf.

Abb. 10: Segmentierung der Zielgruppe der Mountainbiker

Quelle: Eigene Darstellung nach Vollmer, 1999; ADFC, 2001, S. 11.

Aufgrund der unterschiedlichen Motive und Einstellungen zeigen sich auch spezifische Neigungen im Fahrverhalten und Anforderungen an die Infrastruktur. Action- und Funbiker sind eher auf der Suche nach Abenteuer und Geschwindigkeit, während die Sport- und Naturbiker ihre technischen und konditionellen Fähigkeiten in intakter Natur trainieren möchten. Ruhe- und Erholungsbiker sehnen sich nach Einsamkeit und Entspannung. Jede dieser Ausrichtungen ermöglicht eine Profilierung der Destination. Die Kenntnis der unterschiedlichen Bedürfnisse ist daher ausschlaggebend für die Angebotsplanung im Mountainbike-Tourismus und für die Erstellung zielgruppengerechter Packages. Über eine Orientierung an den unterschiedlichen Bedürfnissen und Motiven ist es Mountainbike-Destinationen möglich, individuelle Problemlösungen aufzuzeigen und sich klar zu positionieren.

5 Zwischenfazit

Das Mountainbiking ist mittlerweile zum Standardangebot vieler Mittelgebirge geworden und kann somit nicht mehr als Nischenmarkt bearbeitet werden. Der Konkurrenzdruck zwischen den Destinationen ist gestiegen, sodass es nicht mehr ausreichend ist einige Routen auszuschildern. Um aus touristischer Sicht erfolgreich in diesem Segment zu überzeugen, bedarf es einer eigenständigen Profilierung und dem Hervorheben eines Alleinstellungsmerkmales, der USP. Mit der Konzentration auf die Kernkompetenzen im Angebot und der Festlegung der zu bearbeitenden Märkte, sprich der Zielgruppen, muss sich die Angebotsgestaltung an deren spezifischen Bedürfnissen orientieren. Da eine Zielgruppe sich in ihren Bedürfnissen homogen beschreiben lässt, ist eine effizientere Marktbearbeitung möglich und die Region kann ihre Ressourcen gezielt einsetzen. Hierbei ist zu beachten, dass sich die Zielgruppe der Mountainbiker in ihren Bedürfnissen heterogen beschreiben lässt, sodass eine Unterteilung in Subzielgruppen durchaus sinnvoll erscheint, um eine aussagekräftige Profilierung der Destination zu erreichen. Dem Kunden müssen gezielt Problemlösungen zur Befriedigung seiner Wünsche und Bedürfnisse aufgezeigt werden. Außerdem gilt es, durch zusätzliche Leistungs- und Begeisterungsfaktoren einen Zusatznutzen zu schaffen, um auf dem Markt eher wahrgenommen zu werden und sich gegenüber der Konkurrenz abzugrenzen. Das sind die besten Voraussetzungen den Gast zufrieden zu stellen, langfristig an sich zu binden und Weiterempfehlungen an Freunde und Bekannte aussprechen zu lassen.

Das touristische Destinationsangebot wird als ein heterogenes und komplexes System von verschiedenen Faktoren beeinflusst und stellt somit besondere Anforderungen an das Management und Marketing. Das Gesamtangebot setzt sich aus verschiedenen Teilleistungen zusammen, welche von unterschiedlichen Leistungsträgern erstellt werden. Zudem wird das Angebot von unterschiedlichen Anspruchsgruppen beeinflusst. Da der Tourist seinen Aufenthalt in einer Region nur als Ganzes wahrnimmt, ist es besonders wichtig, dass alle Interessengruppen das gleiche Ziel verfolgen, kommunizieren und umsetzen. Das Innenmarketing ist daher auch im Mountainbike-Tourismus von zentraler Bedeutung.

Die Anforderungen im Destinationsmarketing einer Mountainbike-Region sind zusammenfassend mit Abbildung 11 dargestellt.

Um das Marketing und Management der Destination übergreifend zu koordinieren, eignen sich Tourismusorganisationen. Hierbei sollten sich die Organisationen auf den Markt/Leistungsbereich konzentrieren, in welchem sie als eigenständiges Produkt vom Gast wahrgenommen werden. Für die Mittelgebirgsdestinationen eignen sich regionale Tourismusorganisationen, um das Mittelgebirge als ganze Region zu vermarkten. Subregionale Tourismusorganisationen eignen sich speziell für die Betreuung zielgruppenspezifischer Angebote. Im Mountainbike-Tourismus sind hierzu die gegründeten Mountainbike-Parks oder –Arenen zu zählen, welche die Angebote für die Mountainbiker übergreifend für die Mittelgebirgsregion betreuen und vermarkten.

Abb. 11: Anforderung an das Marketing einer Mountainbike-Destination

Quelle: Flesch, 2007, S. 139 in Anlehnung an Wüstefeld, 2000, S. 16.

Tourismusorganisationen verfolgen das Ziel, das touristische Angebot nach oben genannten Aspekten zu beeinflussen und zu steuern. Mit dem Instrument des Packaging wurde hierzu eine Möglichkeit diskutiert. Diese eignen sich für die Erstellung touristischer Leistungsprofile, um dem Kunden Aufenthaltsvarianten zu präsentieren und erlebnisreiche Angebote zu schnüren. Sie stellen dabei ein konkretes Verkaufsprodukt dar, beschreiben dem Kunden die abstrakte touristische Dienstleistung in ihrer Gesamtheit und präsentieren ihm die Lösung für sein Problem, hier die gewünschte Urlaubsform. Sie können auch gezielt für Werbemaßnahmen und den Aufbau eines Images eingesetzt werden. Dies erfordert bei der Erstellung des Leistungsbündels die Orientierung an den spezifischen Bedürfnissen und Wünschen einer Zielgruppe, um eine aussagekräftige und klare Positionierung auf dem Markt zu erzielen. Hierbei ist es für die Tourismusorganisationen erstrebenswert, die Eigeninitiative und Kreativität einzelner Leistungsersteller zu nutzen, um in einem gemeinsamen Prozess zielgruppenorientierte Packages zu erstellen.

6 Mountainbike-Packages deutscher Mittelgebirgs-Regionen unter besonderer Betrachtung der Zielgruppenorientierung

Der praktische Teil dieser Arbeit lässt sich in die Marketing-Forschung einordnen.

„Marketing-Forschung ist die systematische Sammlung, Aufbereitung und Analyse von Daten, die sich auf die Probleme des Marketings von Gütern und Dienstleistungen beziehen." Der Marketingforschungsbegriff umfasst die Absatzforschung und bezieht hierzu auch interne Informationen der Unternehmung in die Untersuchung ein (vgl. Koschnick, 1995, S. 627).

Diese Untersuchung bezieht sich nicht auf ein spezifisches Unternehmen, sondern soll vielmehr die Anwendung von Mountainbike-Packages in den Mittelgebirgsdestinationen gegenüberstellen, um Entscheidungsträgern in diesem Bereich einen Überblick über die Marktsituation zu verschaffen und Entscheidungsgrundlage für weiterführende Maßnahmen sein (vgl. Malhotra & Peterson, 2006, S. 9).

Da zu diesem Zeitpunkt unzureichende bzw. unstrukturierte Kenntnisse über die Wirkung zielgruppenorientierter Packages bestehen, wird der explorative Forschungsansatz gewählt. Die explorative Forschung dient dazu, ein besseres Verständnis für das Untersuchungsproblem zu erhalten und soll Ideen für neue Lösungsansätze präsentieren (vgl. Raab, Poost, & Eichhorn, 2009, S. 20).

Der Marketingforschungsprozess wird in verschiedene Phasen unterteilt (vgl. Malhotra & Peterson, 2006, S. 9; Raab, Poost, & Eichhorn, 2009, S. 13). Die Vorgehensweise dieser Untersuchung soll folgendermaßen untergliedert und systematisch abgehandelt werden.

1. Problemdefinition, Festlegung der Untersuchungsziele und des Untersuchungsgegenstandes
2. Untersuchungsdesign – Methodik und Methoden
3. Datenerhebung
4. Datenauswertung
5. Dateninterpretation und Ergebnispräsentation
6. Ideen für Lösungsansätze

6.1 Problemdefinition, Untersuchungsziele und Untersuchungsgegenstand

Die **Problemstellung** kann im Rahmen explorativer Forschung noch nicht präzise formuliert werden (vgl. Raab, Poost, & Eichhorn, 2009, S. 20) und soll sich deswegen auf die theoretische Grundlage stützen, dass Tourismusorganisationen das touristische Angebot einer Destination über Packages beeinflussen können. Die Fragestellungen der Untersuchung sind daher wie folgt formuliert:

- Wird das Instrument des Packaging ausreichend von den Tourismusorganisationen genutzt, um das touristische Angebot der Destination zu beeinflussen?
- Sind die Mountainbike-Packages den Bedürfnissen der Zielgruppe angemessen und sprechen Sie diese ausreichend und differenziert an?
- Eignen sich regionale Tourismusorganisationen für die Erstellung/Gestaltung und die Vermarktung zielgruppenorientierter Mountainbike-Packages?

Das **Ziel der Untersuchung** ist, den Akteuren Handlungsempfehlungen auszusprechen, unter welchen Rahmenbedingungen es sinnvoll ist Mountainbike-Pauschalen anzubieten und Beispiele für zielgruppenorientierte Mountainbike-Packages zu entwickeln.

Die Einschränkung des **Untersuchungsgegenstandes** auf die regionalen Tourismusorganisationen auf Ebene der Mittelgebirgsregionen bezieht sich auf die These eines rationalen, systematischen Suchverhaltens des Kunden. Ähnlich einem Trichterprinzip sucht der Mountainbiker demnach zuerst nach einer Destination mit Natur und entsprechendem Höhenrelief, wofür die Mittelgebirge und die Alpen bekannt sind. Um sich für eine Destination zu entscheiden, wird er folglich nach Informationen bei der Organisation suchen, welche in direkter Verbindung zum Mittelgebirge steht. Erst danach wird er sich für eine Region entscheiden, um sich über das weitere Einholen von Informationen letztlich auf einen Ort und eine dortige Unterkunft festzulegen. (vgl. Bieger, 2008, S. 221). Heutige Kaufentscheidungen beruhen auf dem Image oder der Marke einer Destination, den individuellen Urlaubsmotivationen oder der Empfehlung von Freunden/Bekannten. Diese komplexen und extern beeinflussbaren Verhaltensmuster sind allerdings für eine vergleichbare Eingrenzung im Rahmen einer empirischen Analyse ungeeignet, da hierbei ganze Regionen im Bewusstsein der Biker sein können, beispielsweise der ganze Schwarzwald oder untergeordnete Reviere wie die Mountainbike Arena Murg-/ Enztal im Naturpark Schwarzwald Mitte/ Nord. Bei der Gestaltung der Marketingaktivitäten und im Rahmen der Angebotsentwicklung sollten solche Entscheidungskriterien aber unbedingt berücksichtigt werden.

6.2 Untersuchungsdesign - Methodik und Methoden

Die Vorgehensweise der Untersuchung kann der Grounded Theory zugeordnet werden. „Dabei wird den Daten und dem untersuchten Feld Priorität gegenüber theoretischen Annahmen eingeräumt. Diese sollen nicht an den untersuchten Gegenstand herangetragen werden, sondern in Auseinandersetzung mit dem Feld und darin vorfindlicher Empirie ‚entdeckt' und als Ergebnis formuliert werden." (Flick, 1995, S. 150). Die Grounded Theory ist der qualitativen Forschung zuzurechnen, in welcher kontinuierlich Entscheidungen getroffen werden müssen und verlangt nach einer induktiven Vorgehensweise, da Konzepte, Modelle oder Theorien durch die Empirie entwickelt werden sollen (vgl. Mruck & Mey, 2009, S. 34 f.). Bei der Fallauswahl (sampling) erlaubt die qualitative Forschung kleinere Stichproben. Dabei findet auch das theoretical sampling Anwendung, wonach der Forscher nach eigenem Ermessen und auf Grundlage des theoretischen Vorwissens geeignete TeilnehmerInnen für die Untersuchung aussucht (vgl. Auer-Srnka, 2009, S. 165). Nach diesem Prinzip sollen solche Mittelgebirge untersucht werden, welche als Mountainbikedestinationen bekannt sind. Basierend auf der Annahme, dass die Basisleistungen wie Wegeinfrastruktur, Beherbergung, Kartenmaterial etc. in den bekannten Destinationen bereits vorhanden sind, besteht deren weitere Herausforderung darin, dem Kunden Zusatzleistungen, beispielsweise in Form von Packages, zu präsentieren. Daher wird zur Eingrenzung des Untersuchungsgegenstandes die Bewertung der MountainBIKE Redaktion aus der Ausgabe 04/2008 zugrunde gelegt. Hier wurden zehn Mittelgebirge herausgegriffen und nach den Kriterien Größe, Angebotsvielfalt, Bikeparks, Erreichbarkeit und Informationsmaterialen bewertet. Bis auf die Bikeparks lassen sich alle Kriterien den Basisleistungen zuordnen. Der Untersuchungsgegenstand beschränkt sich somit auf folgende Mittelgebirge:

Schwarzwald (Testsieger), Bayerischer Wald (überragend), Harz (sehr gut), Sauerland (sehr gut), Vulkaneifel (sehr gut), Pfälzerwald (gut), Schwäbische Alb (gut), Frankenwald (befriedigend), Erzgebirge (befriedigend), Fränkische Schweiz (befriedigend). In Klammern steht jeweils die Bewertung der MountainBIKE-Redaktion.

Eine graphische Darstellung des Untersuchungsdesigns liefert Abbildung 12 und soll folgend näher erklärt werden.

Im Rahmen der Sekundärrecherche soll die Inhaltsanalyse der Websites, auch Ausgangsanalyse oder Content-Analyse, als Erhebungstechnik angewendet werden, um die Ist-Situation zur Package-Anwendung aufzuzeigen.

Inhaltsanalysen arbeiten mit fixierten Kommunikationsgehalten, wozu auch Internetmaterialen wie Websites zählen. Solche vorgefundenen textlichen Materialien sind „schriftliche Zeugnisse von besonderem Wert und eigenen sich für die Inhaltsanalyse, die aufgrund ihrer Systematik größere Materialmengen bearbeiten kann.“ (Mayring & Brunner, 2009, S. 673). Hier sollen die Homepages der Tourismusorganisationen der jeweiligen Mittelgebirge nach dem Bestehen von Packages durchsucht werden. Dies basiert auf der Annahme, dass bestehende Packages in erster Linie über das Destinationsportal angeboten und vermarktet werden. Diese Annahme soll im weiteren Verlauf über die Experteninterviews geprüft werden.

Mit der qualitativen Technik der Strukturierung soll eine bestimmte Struktur aus dem Material herausgefiltert werden. Dazu wurde in einem ersten Schritt bestimmt, welche Textbestandteile unter eine Kategorie fallen, Ankerbeispiele gegeben und Kodierregeln formuliert, um eine eindeutige Zuordnung zu ermöglichen (vgl. Mayring P., 2008, S. 82 f.). Das geschlossene Kategoriensystem mit Untersuchungsaspekten, Zuordnungsregeln und Ankerbeispielen ist im Anhang aufgeführt. Vor dem endgültigen Materialdurchlauf wurde das theoretisch entwickelte Kategoriensystem in einer ersten Analyse der Websites überprüft und abgeglichen.

Abb. 12: Untersuchungsdesign

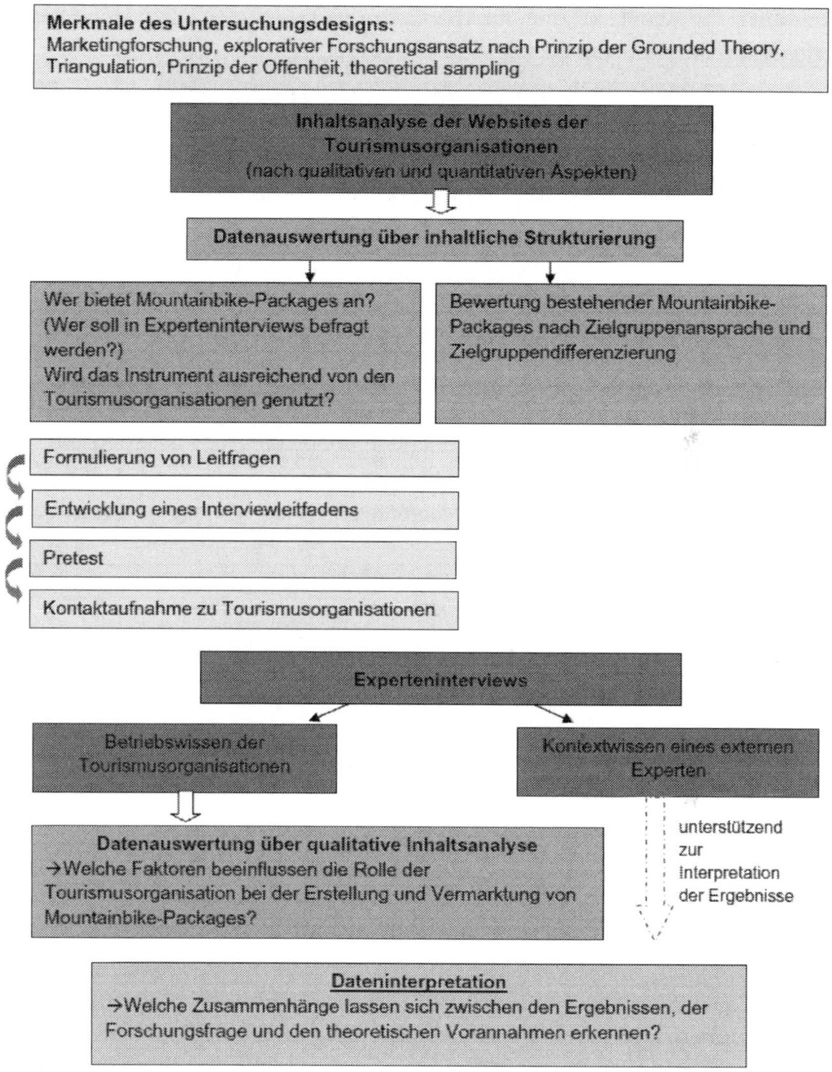

Merkmale des Untersuchungsdesigns:
Marketingforschung, explorativer Forschungsansatz nach Prinzip der Grounded Theory, Triangulation, Prinzip der Offenheit, theoretical sampling

Inhaltsanalyse der Websites der Tourismusorganisationen
(nach qualitativen und quantitativen Aspekten)

Datenauswertung über inhaltliche Strukturierung

Wer bietet Mountainbike-Packages an? (Wer soll in Experteninterviews befragt werden?)
Wird das Instrument ausreichend von den Tourismusorganisationen genutzt?

Bewertung bestehender Mountainbike-Packages nach Zielgruppenansprache und Zielgruppendifferenzierung

Formulierung von Leitfragen

Entwicklung eines Interviewleitfadens

Pretest

Kontaktaufnahme zu Tourismusorganisationen

Experteninterviews

Betriebswissen der Tourismusorganisationen

Kontextwissen eines externen Experten

Datenauswertung über qualitative Inhaltsanalyse
→Welche Faktoren beeinflussen die Rolle der Tourismusorganisation bei der Erstellung und Vermarktung von Mountainbike-Packages?

unterstützend zur Interpretation der Ergebnisse

Dateninterpretation
→Welche Zusammenhänge lassen sich zwischen den Ergebnissen, der Forschungsfrage und den theoretischen Vorannahmen erkennen?

Quelle: Eigene Darstellung 2009.

Mit Hilfe von *Microsoft Excel* wurde der Text der einzelnen Packages den Kategorien zugewiesen. Zur Auswertung wurden aus dem inhaltlich strukturierten Material bestimmte Merkmalsausprägungen der Mountainbike-Packages herausgefiltert, zusammengefasst und nach den einzelnen Merkmalsausprägungen ausgezählt oder nach qualitativen Gesichtspunkten interpretiert (vgl. Mayring P. , 2008, S. 89).

Das quantitative Element der Untersuchung besteht somit in der Auszählung der herausgestellten Kategorien (vgl. Koschnick, 1995, S. 436). „Das qualitative Element besteht in der Kategorienentwicklung und der inhaltsanalytischen Systematisierung der Zuordnung von Kategorien zu Textbestandteilen" (Mayring & Brunner, 2009, S. 673).

Das Ergebnis der Inhaltsanalyse soll zum Einen aufzeigen, welche Mittelgebirge Mountainbike-Packages anbieten, wer die Veranstalter sind und welche Tourismusorganisationen die Packages vermarkten. Zum anderen soll über die Auswertung der bestehenden Mountainbike-Packages eine erste Einschätzung erfolgen, ob die Packages den Bedürfnissen der Zielgruppe angemessen sind und diese differenziert, z. B. nach Genuss- oder Actionbikern, angesprochen wird.

Außerdem ist die Content-Analyse Ausgangspunkt für die weitere Vorgehensweise (Wer soll befragt werden?) und dient der Formulierung von Leitfragen für die anschließende Expertenbefragung. „Leitfragen sind keine theoretischen Fragen und auch nicht an Variablen oder vermuteten Kausalzusammenhängen orientiert. Sie sind vielmehr auf das Untersuchungsfeld gerichtet und versuchen, die Informationen zu benennen, die erhoben werden müssen." (Gläser & Laudel, 2009, S. 91). Nach dem Prinzip der Offenheit wird an dieser Stelle auf die Aufstellung möglicher Hypothesen und Kausalzusammenhänge verzichtet, um die Abbildung unvoreingenommener Erkenntnisse zu ermöglichen (vgl. Flick, 1995, S. 150).

Dem anschließenden Untersuchungsschritt liegen folgende Leitfragen zugrunde:

- Warum bieten einige Tourismusorganisationen Packages an und andere nicht?

- Welche Faktoren beeinflussen die Package-Erstellung und die Package-Vermarktung?
- Welche Akteure sind an der Erstellung und Vermarktung der Packages beteiligt?
- Welche Ziele und Interessen verfolgen die Tourismusorganisationen mit dem Anbieten von Packages?
- Welche Vor- und Nachteile ergeben sich für die Tourismusorganisationen?

In der Primärforschung eignen sich Experteninterviews besonders im Rahmen von explorativen Forschungsansätzen, um sich einen Zugang zum Feld zu verschaffen und wenig vorstrukturierte und informationell wenig vernetzte Daten zu verdichten (vgl. Bogner & Menz, 2005, S. 7). Teilnehmende Beobachtungen oder Gruppendiskussionen erscheinen in diesem Fall zu zeitaufwendig und eignen sich aufgrund der geographischen Verteilung der Untersuchungsgegenstände nicht. Aus demselben Grund wurde sich auch für die telefonische Durchführung der Interviews entschieden.

Im Rahmen dieser Untersuchung beschreibt der Begriff Experte eine Person, welche aufgrund ihrer Stellung in einer Institution, hier einer Tourismusorganisation, an den Entscheidungsprozessen zur Package-Gestaltung und/oder Vermarktung beteiligt ist (vgl. Mieg & Näf, 2005, S. 6). Die Experten der jeweiligen Tourismusorganisationen geben hierbei Auskunft über ihr eigenes Handlungsfeld und vermitteln somit ihr Betriebswissen. Durch Hinzuziehen eines externen Experten soll zusätzlich dessen Kontextwissen abgefragt werden. Hierzu wurde nach Prinzip des *theoretical sampling* Herr Wöhrstein gewählt, da dieser aufgrund seiner langjährigen Erfahrungen als Tourismusberater viele Tourismusorganisationen in der Entwicklung von Mountainbike-Angeboten betreut und zudem die Zielgruppe der Biker, auch aufgrund eigener wissenschaftlicher Erhebungen, einschätzen kann (vgl. Meuser & Nagel, 2005, S. 75). Das Interview mit Herrn Wöhrstein unterlag einem explorativem Charakter und wurde offen geführt.

Zur Orientierung wurden vorab fünf Fragen[12] formuliert. Die Vergleichbarkeit, Vollständigkeit und Standardisierbarkeit der Daten stand bei diesem Interview nicht im Vordergrund (vgl. Bogner & Menz, 2005, S. 37).

Für die Experteninterviews der Tourismusorganisationen wurde, in Anlehnung an die entwickelten Leitfragen, ein Interviewleitfaden erstellt. Dieser dient als Stütze bei der Interviewführung (vgl. Mieg & Näf, 2005, S. 14). Der entwickelte Interviewleitfaden enthält wichtige Schlüsselfragen, welche den Verlauf des Interviews steuern. Für den überwiegenden Teil der Fragestellungen wurde als Frageform die offene Frage gewählt, um unvoreingenommene Meinungen, kritische Äußerungen und Anregungen zu erfassen. Geschlossene Fragen schließen sich diesen zum Teil an, um heikle Punkte zu klären und eindeutige Stellungnahmen zu erzwingen (vgl. Mieg & Näf, 2005, S. 16).

Die erste Kontaktaufnahme zu den Tourismusorganisationen erfolgt telefonisch, um nach den zuständigen Personen für die Package-Gestaltung und/oder Vermarktung zu fragen. Erste Nachfragen oder Unklarheiten können sofort beantworten werden. Diese Vorgehensweise ist effizient und persönlich, um eine Unterstützung durch die Experten zu erreichen. Detailliertere Angaben zur Befragung, deren Dauer und zum Inhalt der Studie werden mit einem Anschreiben per Email an die genannten Kontaktpersonen versandt, welche einige Tage später für eine Terminabsprache telefonisch kontaktiert wurden.

In einem Pretest wurde der Leitfaden auf Logik und Verständnis getestet. Das Thema Mountainbiking wurde hierbei durch das Radfahren ersetzt. Als Ergebnis wurde eine Frage zu der Zukunft von GPS-Angeboten ergänzt, da

---

[12] Die fünf Orientierungsfragen für das Experteninterview mit Herrn Wöhrstein waren folgende:

- Wie schätzen Sie die Konkurrenzsituation der Mittelgebirgsdestinationen bezogen auf den Mountainbike-Tourismus ein?
- Wie sehen Sie die Marktsituation bezogen auf das Angebot von Pauschalen und wer bietet diese an?
- Ist es für eine Region wichtig, Pauschalen anzubieten und wie wichtig ist es für die Zielgruppe?
- Wonach würden Sie die Zielgruppe der Mountainbiker unterscheiden?
- Welche Bedeutung hat das Thema GPS im Mountainbike-Tourismus und wie schätzen Sie die Entwicklung ein?

diese vom Experten als ein aktuell diskutiertes Thema benannt wurde. Weitere Änderungen am Leitfaden wurden nicht vorgenommen.

Bei der Interviewdurchführung wurde zum Einstieg der Begriff des Packages erläutert, um Missverständnisse zu vermeiden, und der Aufbau des Fragebogens erklärt. Dieser besteht aus einem ersten Teil, welcher sich auf die allgemeine Package-Anwendung bezieht und einem zweiten Teil speziell zur Gestaltung und Vermarktung von Mountainbike-Packages. Der Leitfaden galt hierbei nicht als „zwingendes Ablaufmodell" (Meuser & Nagel, 2005, S. 78).

Während des Interviews wurden handschriftliche Notizen angefertigt. Zur Vermeidung von Informationsverlust und –veränderungen wurde das Gespräch zusätzlich aufgezeichnet. Auf eine vollständige Transkription des Gespräches wurde verzichtet. Die Aussagen wurden stichpunktartig und synchron zusammengefasst.

Bei der Inhaltsanalyse der Websites galt es Häufigkeiten zu analysieren. Die Kategorien wurden festgelegt und das Untersuchungsmaterial danach durchsucht. Damit entspricht dieses Verfahren nach Mayring eher einer quantitativen Analyse. Die Auswertung der Experteninterviews erfolgt über eine qualitative Inhaltsanalyse nach Gläser und Laudel. Mit der qualitativen Inhaltsanalyse sollen Informationen aus den Interviews extrahiert, das heißt getrennt vom Text weiterverarbeitet, systematisch zusammengefasst und entsprechend dem Untersuchungsziel strukturiert werden. Für die Extraktion wird ein Suchraster entwickelt und an die Transkription herangetragen (vgl. Gläser & Laudel, 2009, S. 199 f.). Mit diesem Verfahren soll das Betriebswissen analysiert werden, um Unterschiede zwischen den verschiedenen Fällen aufzuzeigen.

Das Kategoriensystem für die Extraktion baut auf die theoretischen Vorüberlegungen auf und ist zugleich offen. Das heißt, die Dimension existierender Kategorien und die Struktur der Informationsbasis können sich im Extraktionsprozess verändern, wenn im Text neue relevante Informationen auftauchen. Die Offenheit des Kategoriensystems beinhaltet auch die frei verbale Beschreibung der Merkmalsausprägungen. „Die Daten werden also nominalskaliert erhoben, und die ‚Skala' – die Liste der Ausprägungen – entsteht im Prozess der Extraktion." (Gläser & Laudel, 2009, S. 201). Die Kategorienzuordnung und verbale Beschreibung der Informationen beinhalten bereits die Interpretation durch den Forscher und sind somit individuell geprägt (vgl. ebd., S. 201). Die Rohdaten der einzelnen Interviews werden zusammengefasst, auf Redundanzen und Widersprüche geprüft und nach auswertungsrelevanten Kriterien sortiert. Die erstellten Extraktionstabellen in *Microsoft Excel* wurden in den einzelnen Schritten der Extraktion jeweils als neue Datei abgelegt, sodass der Analyseprozess nachvollziehbar ist (vgl. ebd.; S. 229). Das Ergebnis der Aufbereitung ist eine strukturierte Informationsbasis auf Grundlage der empirischen Informationen. „In der anschließenden Auswertung wird diese Informationsbasis genutzt, um die untersuchten Fälle zu rekonstruieren und nach den interessierenden Kausalmechanismen zu suchen." (Gläser & Laudel, 2009, S. 202).

Bei der Untersuchung des Kontextwissens ist das Ziel „die Gewinnung empirischen Wissens und nicht die theoretische Erklärung und Generalisierung der empirischen ‚Tatsachen'."(Meuser & Nagel, 2005, S. 82). Die Ergebnisse aus dem Interview mit Herrn Wöhrstein werden daher bei der Dateninterpretation unterstützend hinzugezogen.

Um den Untersuchungsgegenstand von verschiedenen Perspektiven zu betrachten, wird der Ansatz der systematischen Perspektiven-Triangulation gewählt. „Damit ist gemeint, da[ss] gezielt Forschungsperspektiven und Methoden miteinander kombiniert werden, die geeignet sind, möglichst unterschiedliche Aspekte eines Problems zu berücksichtigen." (Flick, 1995, S. 153). Mit der vorliegenden Studie werden bestehende Packages aus Sicht der Mountainbiker bewertet und die organisatorischen Aspekte der Package-Anwendung aus Sicht der Tourismusorganisationen betrachtet, sowie qualitative und quantitative Methoden miteinander verknüpft. Dies führt allerdings auch dazu, dass die Ergebnisse sich nicht einheitlich beschreiben lassen. Teilweise erfolgt eine nominale Beschreibung der Kategorien, dann wird wiederrum eine Einschätzung der Wichtigkeit von bestimmten Faktoren über die Auszählung der Merkmalsausprägungen gegeben. Die Unterscheidung der Ergebnisse ist ebenfalls mit dem Kategoriensystem im Anhang abgebildet.

6.3 Datenerhebung

Die Datenerhebung der Sekundärrecherche erfolgte vom 19. - 21. Juni 2009. Somit sind in der Untersuchung nur Packages erfasst, welche der Forscherin zu diesem Zeitpunkt ersichtlich waren. Bei der Recherche stellte sich die Schwierigkeit, dass Tourismusorganisationen verschiedener Ebenen Marketing betreiben. Es wurde versucht die Untersuchung auf regionale Tourismusorganisationen zu beschränken, da diese übergreifend das touristische Angebot der gesamten Mittelgebirgsregion beeinflussen können bzw. präsentieren sollten. Durch Links oder Anzeigen wurde an solchen Stellen allerdings auch auf Pauschalen örtlicher Tourismusorganisationen verwiesen, welche dann gegebenenfalls in die Untersuchung mit aufgenommen wurden. Insgesamt wurden 19 Websites von Tourismusorganisationen nach bestehenden Fahrrad- und/oder Mountainbike-Packages untersucht. Sieben identifizierte Mountainbike-Packages wurden anschließend hinsichtlich ihrer Leistungen und Zielgruppendifferenzierung näher analysiert. Die Mountainbike-Packages der Beherbergungsbetriebe auf den Websites der Mountainbike-Arenen wurden nicht berücksichtigt, jedoch zwei Packages von Beherbergungsbetrieben im Frankenwald, da diese über die übergeordnete Tourismusorganisation angeboten werden.

Das Ergebnis der Internetrecherche legte die Auswahl für die Experteninterviews fest. Danach wurde zu den Tourismusorganisationen Kontakt aufgenommen, um nach den AnsprechpartnerInnen zu fragen. Es wurde entschieden, alle Tourismusorganisationen der Mittelgebirge in die Untersuchung aufzunehmen, auch wenn diese keine ersichtlichen Packages anbieten. Interessant hierbei ist die Frage, warum keine Packages angeboten werden. Örtliche Tourismusorganisationen[13], Beherbergungsbetriebe oder Reiseveranstalter wurden nicht angeschrieben. Bei der telefonischen Kontaktaufnahme wurde zum Teil an komplementäre Organisationen verwiesen; zwei Tourismusorganisationen zeigten sich nicht bereit, an dem Interview teilzunehmen.

[13] Das Tourismusbüro Waldmünchen als Veranstalter eines Mountainbike-Packages sollte nicht befragt werden. An dieser Stelle wurde für den gesamten Bayerischen Wald der übergeordnete Tourismusverband Ostbayern e.V. in die Untersuchung mit aufgenommen und der Marketingleiter für den Bayerischen Wald befragt.

Im Ergebnis wurden elf Interviews zwischen der 28. und 29. Kalenderwoche mit den folgenden Organisationen und Personen geführt.

- Pretest (Ahaus Touristik und Marketing GmbH)
- Schwarzwald Tourismus GmbH
- Sauerland Tourismus e.V.
- Harzer Verkehrsverband e.V.
- Harzagentur (betreut Volksbankarena)
- Tourismusverband Ostbayern e.V. (Bayerischer Wald)
- Zentrum Pfälzerwald (betreut Mountainbikepark Pfälzerwald)
- Vulkan Bike Trailpark (Eifel)
- Frankenwald Tourismus Service Center
- Fränkische Schweiz
- Herr Dr. Wöhrstein

6.4 Datenauswertung

Unter Punkt 6.4.1 und 6.4.2 erfolgt die Auswertung der Internetrecherche und der Detailanalyse der Mountainbike-Packages. Dies dient vor allem der Beantwortung der ersten beiden Forschungsfragen. Die Beantwortung der dritten Forschungsfrage soll über die Ergebnisse aus den ExpertInneninterviews, dargestellt unter 6.4.3, ermöglicht werden.

Bei der Interpretation der dargestellten Tabellen sind folgende Hinweise zu beachten:

Das Zeichen # in den Tabellen stellt dar, wie oft die jeweilige Merkmalsausprägung von den Experten benannt wurde.

Bei den Ergebnissen der Expertenbefragungen ist mit *n* die Anzahl der Experten vermerkt, welche zu dem jeweiligen Untersuchungsaspekt Auskunft gaben. Gleichzeitig wird auf diese Weise ermöglicht, die Anzahl der Nennungen in Relation zu den befragten Experten zu setzen, um die Wichtigkeit der einzelnen Merkmalsausprägungen zu erkennen.

6.4.1 Ausgangssituation

Die 19 untersuchten Websites wurden übergeordneten und untergeordneten Tourismusorganisationen zugeordnet. Übergeordnete Tourismusorganisationen sind für das touristische Angebot einer ganzen Region verantwortlich. Untergeordnete Tourismusorganisationen betreuen mehr als eine Gemeinde, sind also keine lokalen Tourismusorganisationen, und/ oder sind auf ein Gästesegment, hier die Mountainbiker, spezialisiert und unterstehen den übergeordneten Tourismusorganisationen.

Tab. 3: Ergebnisse aus Analyse der Websites

übergeordnete Tourismusorganisationen	untergeordnete Tourismusorganisationen	Fahrrad-Packages	MTB-Packages	Veranstalter der MTB-Packages
Schwarzwald Tourismus GmbH		2	1	Schwarzwald Tourismus GmbH
Sauerland Tourismus e.V.		3		
	Bike Arena Sauerland e.V.		ca. 12	bikerfreundliche Betriebe
Harzer Verkehrsverband e.V.				
	Volksbank Arena Harz/Zweckvereinbarung MTB-Park Harz		mehr als 20	Beherbergungsbetriebe
Tourismusverband Ostbayern e.V.				
	Tourist-Information Naturpark Oberer Bayerischer Wald	1	1	lokale Tourismusorganisationen (Tourismusbüro Waldmünchen)
	Tourist-Information Ferienland Nationalpark Bayerischer Wald			
	Touristisches Service Center Arber Land		1	Reiseveranstalter
Pfalz Touristik e.V.		9		
	Zentrum Pfälzerwald Touristik			
	Mountainbikepark Pfälzerwald			
Eifel Tourismus GmbH				
	VulkanBike TrailPark		2	VulkanBike TrailPark/ Verbandsgemeinde Daun
Schwäbische Alb Tourismusverband e.V.				
Frankenwald Tourismus Service Center		4	3	1x Reiseveranstalter 2x Beherbergungsbetriebe
Tourismuszentrale Fränkische Schweiz				
Tourismusverband Erzgebirge e.V.		3		
Sachsen Tourismus		9		

Quelle: Eigene Erhebung Juni 2009.

Tabelle 3 stellt dar, welche Tourismusorganisationen auf ihren Homepages Fahrrad-Packages im Allgemeinen und/ oder spezielle Mountainbike-Packages anbieten und wer gegebenenfalls die Veranstalter der Mountainbike-Packages sind.

Zunächst erfolgt die Auswertung zur Package-Anwendung bezüglich der Stellung der Tourismusorganisation. Auf den Homepages der elf übergeordneten Tourismusorganisationen sind sieben Fahrradpauschalen angeboten und lediglich zwei, der Schwarzwald und der Frankenwald, bieten auf ihren Homepages auch Mountainbike-Pauschalen an. Insgesamt werden mehr als 20 Pauschalen zum Thema Radfahren allgemein identifiziert. Bei den untergeordneten Tourismusorganisationen ist das Verhältnis umgekehrt. Von den acht Organisationen ist lediglich auf einer Homepage eine allgemeine Fahrradpauschale zu finden. Auf fünf Homepages sind Mountainbike-Packages gelistet.

Insgesamt acht der 19 Tourismusorganisationen bieten auf ihren Websites weder ein Fahrrad- noch ein Mountainbike-Package an. Die übergeordneten Tourismusorganisationen verfügen allerdings zum Teil über eine zusätzliche Buchungsplattform, welche ein interaktives Zusammenstellen von Pauschalen ermöglicht.

Weiterführend wurde analysiert, wer die Veranstalter der Mountainbike-Packages sind. Bei der Bike Arena Sauerland und der Volksbank Arena sind mehr als 20 Pauschalen von Beherbergungsbetrieben gelistet. Im Frankenwald und im Bayerischen Wald werden die Packages von Reiseveranstaltern, welche auf die Zielgruppe der Mountainbiker spezialisiert sind, durchgeführt. Eine übergeordnete, eine untergeordnete und eine lokale Tourismusorganisation treten bei den Mountainbike-Packages als Veranstalter auf.

Außerdem wurde untersucht, ob externe Mountainbike-Parks Packages anbieten. Nach den vorgegebenen Untersuchungskriterien bestehen an dieser Stelle keine Angebote. Vereinzelte Parks bieten Fahrtechnikkurse an und geben Unterkunftsvorschläge. Sie spielen somit bei der Package-Vermarktung eine untergeordnete Rolle.

Zwischenresumée – Package-Anwendung der Tourismusorganisationen

- Auf eine Zielgruppe spezialisierte Packages werden über untergeordnete und allgemeine Packages über übergeordnete Tourismusorganisationen angeboten,
- Tourismusorganisationen treten bei den spezialisierten Mountainbike-Packages selten selbst als Veranstalter auf,
- Die größte Anzahl der Mountainbike-Packages wird von zielgruppenorientierten Beherbergungsbetrieben, welche als bikerfreundlich zertifiziert wurden, angeboten und über die Tourismusorganisationen vermittelt,
- Vor allem übergeordnete Tourismusorganisationen verfügen über interaktive Buchungsplattformen zur Zusammenstellung von Pauschalen.

6.4.2 Package-Leistungen und Zielgruppendifferenzierung

Die Auswertung der sieben Mountainbike-Packages in Tabelle 4 zeigt, dass die Übernachtung mit Frühstück die zentrale Leistung ist und von allen Leistungserstellern angeboten wird. Eine zusätzliche Halbpension wird lediglich bei zwei Packages angeboten. Ebenso wie der Gepäcktransport sind diese beiden Leistungen nur bei Packages mit Etappentouren und wechselnden Unterkünften enthalten. Über die Hälfte der Mountainbike-Packages enthalten Lunchpakete. Wellnessangebote sind lediglich bei einer festen Unterkunft Bestandteil der Leistung. Die Leistungen Tourbook/ GPS/ Kartenmaterial und geführte Touren schließen sich bis auf ein Package gegenseitig aus. Tendenziell werden bei Etappentouren eher geführte Touren angeboten. Bei einer festen Unterkunft werden Kartenmaterial, ein Tourbook und/ oder GPS Daten zur Verfügung gestellt, um die Tagestouren individuell zu gestalten.

Leistungen mit drei Nennungen und weniger können als zusätzliche Leistungen definiert werden und sind eine Möglichkeit, sich gegenüber der Konkurrenz abzuheben. Hierzu zählen ein Begrüßungsdrink, Leihbikes, Touristcards, Foto-CD´s, Hoteltransfers oder ein Verzeichnis der Reparaturstätten. Wichtig bei der Aufnahme von Zusatzleistungen sollte die Orientierung an den Bedürfnissen der Zielgruppe sein.

Tab. 4: Leistungen der Packages

Leistungen	SW	BW 1	FW 1	FW 2	FW 3	BW 2	EIFEL	Insgesamt
Übernachtung/Frühstück	x	x	x	x	x	x	x	7
Halbpension		x	x					2
Lunchpaket	x		x		x		x	4
Tourbook/GPS/ Kartenmaterial	x			x	x	x		4
geführte Touren		x	x	x			x	4
Gepäcktransport	x	x	x					3
Wellnessangebot				x	x	x	x	4
Begrüßungsdrink				x	x	x		3
Leihbike (optional)				x		x		2
Touristcard						x		1
Fotos-CD		x						1
Transfer zum Hotel			x					1
Verzeichnis Reparaturstätten	x							1
Dauer (Tage)	3	2 / 3	4 / 7	4	2	4 / 7	2 / 3	

SW=Bike Crossing Schwarzwald; BW1=Bayerwald Cross/Trans Bayerwald; FW1=Erlebnis Trans Germany (Frankenwald);
FW2=Ideales Bikerziel; FW3=Bike&Vital (Frankenwald); BW2=Waldmünchner Mountainbike Touren (Bayerischer Wald); Eifel=Bikeness Weekend

SW, BW 1, FW 1	Wechselnde Unterkunft, Etappen
FW 2, FW 3, BW 2, EIFEL	Feste Unterkunft, Sterntouren

Quelle: Eigene Erhebung Juni 2009.

Bei der Detailanalyse der Mountainbike-Packages wurden diese außerdem auf die inhaltliche Beschreibung analysiert und bezüglich ihrer Zielgruppendifferenzierung bewertet. In Tabelle 5 sind hierzu die extrahierten Informationen der einzelnen Packages zusammenfassend dargestellt. Die Bewertung der einzelnen Packages erfolgte auch in Bezug auf den Package-Namen und die Beschreibung zusätzlicher Faktoren, wie Landschaft, Klima und/oder Kultur. Die Ergebnisse werden über eine vierfache Skala von sehr gut bis unbefriedigend bewertet. Auf eine ausführliche Darstellung der Bewertungsskala soll verzichtet werden, da sich die Bewertung aus den Ausführungen des jeweiligen Packages erklärt.

Tab. 5: Bewertung der Package-Gestaltung und der Zielgruppendifferenzierung

	SW	BW 1	FW 1
Veranstalter	Schwarzwald Tourimus GmbH	Bayerwald Bike	Franken Aktivurlaub
Package-Name	Bike Crossing Schwarzwald	Bayerwald Cross/ Trans Bayerwald	Erlebnis "Trans Germany"
THEMA			
Botschaft/Zielgruppe des Packages	absolutes Highlight	EldoRADo	für MTB-Freaks
Wie werden die Touren beschrieben (kurz)?	durchgehend beschildert		
Wo findet das Package statt?	quer durch Schwarzwald	ArberLand	Trails der Craft Bike Trans
Was erwartet den Kunden?		grenzenloser Mountainbikespaß	
Voraussetzungen			
BESCHREIBUNG			
Was deutet auf Zielgruppen-differenzierung hin?	individuell gestaltbar ->heavy oder light Tour; Sportfreaks oder Genussbiker; Kick	schmale Singletrails, erbarmungslose Anstiege; verwurzelte Downhills; fahrtechnische Highlights; knackige Uphills	auch für "Nicht Profis" geeignet; gute Kondition; größtenteils Wald- und Feldwege; Singletrails; Tips zur Verbesserung von Fahrverhalten und Technik
Landschaft/Klima/Kultur		herrliche Fernsicht, gute Wetterlage; unterschiedliche Landschafts-erlebnisse; historische Säumerpfade; abwechslungsreiche Berg- und Talrunde	
BEWERTUNG DER ZIELGRUPPENANSPRACHE	GUT	GUT	GUT

FW 2	FW 3	BW 2	EIFEL
Ferienhof Geyer	Wohlfühlhotel Am Rosengarten	Tourismusbüro Waldmünchen	VulkanBike TrailPark
Ideales Biker-Ziel - Natur pur!	Bike & Vital	Waldmünchner Mountainbike Touren	Bikeness-Weekend
	ideale Ort für Rad(kurz) Urlaub	Eldorado für Mountainbiker	Genussbiker und ambitionierte Biker
geführte Rad- und MTB-Touren mit Alwin und Karin		ausgeschilderte Bergradel Touren	
Frankenwald		Waldmünchner Urlaubsland; Bayerisch-Bömische Grenzgebiet	
4 Tage Mountainbiking	Radurlaub in Verbindung mit Wellness		Ruhe und Belastung
			Zeit für Ruhe, Bike-Erfahrung, Angaben zur Kondition; Mindestteilnehmer-zahl
	genussreiches Biking; landschaftlich eindruchsvoll, panoramareiche Touren; perfekte Erholung, Wellness	sowohl Hobbyradler als auch ambitionierte Mountainbiker->Tour selbst gestalten	Genussbiker,als auch sportlich ambitionierte Biker; sich erholen; atemberaubende Trails; Wellness
herrlicher Frankenwald		Seen- und Waldlandschaft	etliche Maare
UNBEFRIEDIGEND	GUT	BEFRIEDIGEND	SEHR GUT

Quelle: Eigene Erhebung Juni 2009.

Das Package „Ideales Biker-Ziel. Natur pur“ wurde in der Zielgruppenansprache mit *unbefriedigend* bewertet. Die Zielgruppe der Mountainbiker wurde ohne Differenzierung angesprochen, die Beschreibung sehr kurz gehalten und die Gestaltung gleicht einer Standardpauschale. Der Interessent kann sich kaum eine Vorstellung davon machen, was ihn genau erwartet.

Das Package „Waldmünchner Mountainbike Touren“ bezeichnet die Destination als Eldorado für Mountainbiker und beschreibt etwas ausführlicher die Urlaubsregion. Die Ansprache von Hobbyradlern und ambitionierten Mountainbikern ist allerdings weit gefasst und unzureichend differenziert. Dieses Package wurde daher mit *befriedigend* bewertet.

Vier Mountainbike-Packages erhielten die Bewertung *gut*. Eine Differenzierung der Zielgruppe ist über direkte Substantive wie Genussbiker und Sportfreaks beim Package des „Bike Crossing Schwarzwald“ ersichtlich. Da dieses Package bei Anfrage individuell zusammengestellt wird, ist es sinnvoll, hier eine breitere Zielgruppe anzusprechen. Der Package-Name beschreibt außerdem die Idee, die sich hinter dem Package verbirgt, nämlich den Schwarzwald zu überqueren, sehr zutreffend.

Andere Packages lassen über eine adjektivreiche Beschreibung der Package-Inhalte eine Zielgruppendifferenzierung erkennen. So könnte der „Bayerwald Cross“ und die „Trans Bayerwald“ Sport- und Naturbiker ansprechen. Der Naturgenuss steht neben technischen und konditionellen Herausforderungen im Vordergrund. Der Naturgenuss wird vor allem über die detaillierte Beschreibung der Landschaft bildhaft beschrieben. Das Package „Erlebnis Trans Germany“ spricht mit einer guten Kondition und Tipps zur Verbesserung von Fahrverhalten und Technik in erster Linie Trick- und Trainingsbiker an. Mit dem Package „Bike&Vital“ erfolgt eine eindeutige Ansprache der Ruhe- und Erholungsbiker. Genussreiches Biking in eindrucksvoller Landschaft auf panoramareichen Touren lässt das Mountainbiking als Mittel zum Zweck des Naturerlebnisses erkennen. Entspannung wird über das Wellness-Angebot erreicht.

Das Package „Bikeness-Weekend“ wurde mit *sehr gut* bewertet, da neben der differenzierten Zielgruppenansprache Voraussetzungen für die Teilnahme am Package beschrieben werden. Der Kunde weiß, was Ihn erwartet und welche Erwartungen an Ihn gestellt werden. Der Package-Name ist mit der

Kombination von Biking und Wellness zu Bikeness außerdem sehr kreativ und beschreibt zutreffend die Inhalte. Es werden gezielt Genussbiker und ambitionierte Biker angesprochen. Die Package-Beschreibung lässt sich nach der Segmentierung von Vollmer den Sport- und Naturbikern zuordnen. Diese wollen ihre körperliche Fitness und Gesundheit verbessern und intakte Natur genießen.

Zwischenresumée – Zielgruppenansprache und -differenzierung

- Die Zielgruppenansprache der Mountainbike-Packages lässt eine Differenzierung bei der Gruppe der Mountainbiker erkennen, ist jedoch ausbaufähig und präziser zu gestalten,
- Subregionale Tourismusorganisationen und Reiseveranstalter, welche auf die Mountainbiker spezialisiert sind, umschreiben differenzierter und detaillierter die Bedürfnisse der Zielgruppe,
- Kernleistungen der Mountainbike-Packages sind Übernachtung mit Frühstück, geführte Touren bzw. Kartenmaterial und Wellnessangebote bei einer festen Unterkunft.

6.4.3 Die Rolle der Tourismusorganisation bei der Package-Erstellung und Package-Vermarktung

Bei den ExpertenInneninterviews wurde die Rolle der übergeordneten Tourismusorganisationen und der Organisationen welche die Mountainbike-Arenen betreuen hinterfragt. Die Ergebnisse sind mit folgender Tabelle dargestellt.

Tab. 6: Die Rollen der Tourismusorganisationen

	Veranstalter und Vermittler	Vermittler	Kein Angebot
allgemeine Packages (n=8)	2	2	4
Begründung warum keine Packages angeboten werden	aus rechtlichen Gründen (3x): Zweckverband, öffentliche Einrichtung darf nicht in Konkurrenz zu privaten Anbietern treten, fehlende eigene Rechtspersönlichkeit; im Bereich Mountainbiking wird daran gearbeitet, laufen aber dann über andere Tourismusorganisation (1x); auf Mountainbiking konzentrieren (1x); regen Pauschalen bei Anbietern an und formulieren Bitten (1x)		

	Veranstalter	Veranstalter und Vermittler	Vermittler
Mountainbike-Packages (n=7)	1	1	5 (2 davon sind noch in Bearbeitung)
Begründung	Mountainbiking ist etablierte Sportart mit vielversprechenden Zielgruppe; Gast individuell betreuen und zufrieden machen	mit Package nur Idee kommunizieren und dann Programm individuell ausarbeiten; spezielle Bereiche müssen Fachleute machen (Qualität vor Provision) -> Kooperationspartner (Fahrtechnikkurse)	Idee kommunizieren und individuelle Kundenanfrage wird vom Leistungsersteller bearbeitet als Zugpferde um sich einen Namen zu machen Produktentwicklung ist Aufgabe der Regionen noch fehlende Organisationsstrukturen

Quelle: Eigene Erhebung Juli 2009.

Aus Tabelle 6 wird ersichtlich, dass bei Packages im Allgemeinen zwei Tourismusorganisationen als Veranstalter und Vermittler auftreten, zwei Tourismusorganisationen sind lediglich Vermittler von Packages kooperierender Leistungsersteller. Vier Tourismusorganisationen haben kein Angebot an allgemeinen Packages. Die häufigste Begründung ist die rechtliche Situation der Organisationen. So sieht ein Zweckverband seine primäre Aufgabe in der Anregung von Pauschalen bei den Leistungserstellern. Andere begründen das Fehlen von Angeboten damit, dass öffentliche Einrichtungen nicht in Konkurrenz zu privaten Anbietern treten dürfen oder mit der fehlenden eigenen Rechtspersönlichkeit. Die hohe Zahl kommt allerdings auch zustande, da in erster Linie mountainbikespezifische Organisationen befragt wurden, welche sich auf ihre Kernkompetenzen konzentrieren wollen, um Wettbewerbsvorteile zu schaffen.

Bei den Mountainbike-Packages bestehen bei allen sieben befragten ExpertInnen Angebote, wobei zwei Tourismusorganisationen noch in der Bearbeitung sind. Lediglich eine Tourismusorganisation, der Trailpark (Eifel) welcher innerhalb der Verbandsgemeinde Daun geführt wird, tritt als reiner Veranstalter auf. Der Trailpark sieht das Mountainbiking als etablierte Sportart mit einer vielversprechenden Zielgruppe. Der Gast soll individuell betreut werden und zufrieden sein. Deswegen werden die Packages innerhalb der vielfältigen Aufgabenbereiche einer Person von dieser erstellt und betreut.

Die Schwarzwald Tourismus GmbH tritt bei den Mountainbike-Packages als Veranstalter und Vermittler auf. Mit dem Package soll lediglich eine Idee kommuniziert werden, welche bei der Anfrage an die Tourismusorganisation individuell ausgearbeitet wird und diese somit als Veranstalter agiert. Hierbei übernimmt eine Außenstelle der Tourismusorganisation das Touroperating mit dem Schwerpunkt Packaging. Der Vorteil liegt in der besseren Kenntnis der Leistungserbringer und einem festen Pool aus Vertragspartnern. Da die Qualität der Leistung im Vordergrund steht, werden spezielle Anfragen, beispielsweise Fahrtechnikkurse, an Kooperationspartner vermittelt, da diese über das fachliche Know-how verfügen.

Der Großteil der Tourismusorganisationen tritt als Vermittler der Mountainbike-Packages auf. Die Bike Arena Sauerland, wo das Angebot an Packages noch in Bearbeitung ist, möchte keine Standardpauschalen anbieten, da hierfür der Markt zu heterogen ist. Die von der Bike Arena zentral entwickelten

Pauschalen sollen daher nur als Idee vermittelt werden. Der Kunde stellt daraufhin eine Anfrage, welche individuell von den kooperierenden Betrieben bearbeitet wird. Das endgültige Angebot und die Leistungserstellung erfolgt somit über die Betriebe. Die Volksbankarena, geführt über die Harzagentur, darf als Zweckverband keine eigenen Pauschalen anbieten, listet aber die Angebote verschiedener Beherbergungsbetriebe. Das Frankenwald Tourismus Service Center tritt bei Packages im Allgemeinen zwar als Veranstalter und Vermittler auf, bei den Mountainbike-Packages jedoch lediglich als Vermittler. Hier werden die Mountainbike-Packages genutzt, um besondere Angebote zu vermitteln, welche als „Zugpferde" der Darstellung der Region dienen. Der Tourismusverband Ostbayern e. V. sieht die Produktentwicklung als Aufgabe der einzelnen Regionen. Im Zentrum Pfälzerwald, welches an dem Aufbau des Mountainbikeparks beteiligt war, fehlen zurzeit die Organisationsstrukturen, da sich der zuständige Verein für den Mountainbikepark im Aufbau befindet. Geplant ist hier eine Rubrik auf der Homepage, unter welcher Angebote zu Pauschalen einzelner Leistungsträger gelistet sind.

Zusammengefasst treten bei den allgemeinen Packages noch ¼ der Tourismusorganisationen als Veranstalter und Vermittler auf, während bei den Mountainbike-Packages fünf der sieben befragten Tourismusorganisationen nur als Vermittler agieren.

Ergänzend zu der Rolle als Veranstalter oder Vermittler sind die einzelnen Aufgaben der Tourismusorganisationen in Tabelle 7 aufgeführt. Es wurden vordergründlich solche Aufgaben beachtet, die im Bezug zur Package-Erstellung und/oder Package-Vermarktung stehen. Zusätzlich genannte Aufgaben wurden abgebildet, wenn diese einen direkten Bezug zum Mountainbiking aufweisen und wichtig erscheinen. Da die Aufgaben lediglich aufgezählt werden bedarf es keiner weiteren Ausführungen.

Tab. 7: Aufgaben von Tourismusorganisationen als Veranstalter und/oder Vermittler von Mountainbike-Packages

Veranstalter	Vorbild für Hotels in Bezug auf Package-Gestaltung
	Einkauf von Guides für Touren und Fahrtechnikkurse
	Zusammenarbeit mit verschiedenen Hotels (dem Kunden Auswahl geben)
	Qualitätskontrollen der Bikebetriebe (Vorbild Tirol)
	individuelle Bearbeitung bei Package-Anfrage (Dauer, Übernachtung, Gepäcktransfer)
	Organisation von Mountainbike-Events
Vermittler	Vermittlung der Kundenanfrage an andere Leistungsträger
	in erster Linie für Infrastruktur/Mountainbike-Wegenetz zuständig
	Zusammenarbeit mit anderen Marketing- bzw. Tourismusorganisationen
	Marketing für bikerfreundliche Betriebe
	Erstellung von Gruppenangeboten auf Anfrage
	Produktentwicklung in Zusammenarbeit mit Partnern und Leistungsträgern
	Impulse für die Vermarktung setzen
	Zusammenarbeit mit vertriebsstarken Partnern aus der Reiseindustrie (verschiedene Verkaufskanäle)

Quelle: Eigene Erhebung Juli 2009, n=6.

Vereinzelt wurden bereits Gründe genannt, warum Tourismusorganisationen als Veranstalter oder Vermittler auftreten. Einen weiteren Aufschluss dieser Problematik verspricht die Darstellung der Vor- und Nachteile, die Tourismusorganisationen in den Packages sehen.

Wie Tabelle 8 zeigt, ist mit fünf Nennungen die Präsentation eines auf die Zielgruppe oder Thema abgestimmten Angebots der größte Vorteil. Weiter wichtige Vorteile mit drei Nennungen sind die Präsentation der Highlights und Möglichkeiten der Region sowie die Möglichkeit der aktiven Vermarktung und Verkaufsförderung. Denn eine Pauschale ist ein buchbares Angebot mit konkreten Leistungen. Weiterhin dienen Packages der Werbung allgemein und dem Aufbau eines bestimmten Images beim Kunden. Genannte Vorteile, die dem Kunden zukommen, sind das Sorglospaket und die Zeitersparnis. Der Aufenthalt ist organisiert und durchgeplant und die Leistungen zugesichert.

Außerdem ist ein Package ein Ideengeber für potentielle Gäste und ermöglicht eine gezielte Schnürung von Erlebnissen.

Tab. 8: Vor- und Nachteile von Packages

Vorteile	#	Nachteile	#
Highlights/Möglichkeiten der Region präsentieren	3	hoher Bearbeitungsaufwand	3
auf Zielgruppe/Themen abgestimmtes Angebot	5	schlechtes Kosten-Nutzen-Verhältnis	1
Verkaufsförderung/aktive Vermarktung (buchbares Angebot mit konkreten Leistungen)	3	keine Buchungsgarantie	1
Sorglospaket	2	keine Nachvollziehbarkeit der Buchungswege	1
Werbung allgemein/Imagewerbung	2	organisatorische und juristische Voraussetzungen	1
schneller / zeitsparender für Kunden	1	keine, wenn nur Vermittler	1
Ideengeber für potentielle Gäste	1	keine, nur Geld und Zeit investieren	1
Erlebnisse schnüren	1		

Quelle: Eigene Erhebung Juli 2009, n=6.

Der größte Nachteil für die ExpertInnen, ist in dem hohen Bearbeitungsaufwand der Packages zu sehen. Der Aufwand steht nicht im Verhältnis zu den Kosten und Nutzen. Außerdem ist die Buchung nicht garantiert und die Buchungswege sind oftmals nicht nachvollziehbar, wenn der Kunde direkt an die vermittelten Leistungserbringer herantritt. Zudem sind an das Anbieten von Pauschalen organisatorische und rechtliche Voraussetzungen geknüpft, welche nicht von jeder Tourismusorganisation erbracht werden können. Zwei Tourismusorganisationen sehen keinen Nachteil bei den Packages.

Von der Rolle der Tourismusorganisation und den Aufgaben als Veranstalter und Vermittler abgesehen, werden mit den Packages bestimmte Ziele verfolgt. Einige Ziele wurden von ExpertInnen bereits bei den Vorteilen aufgeführt, sodass hier Doppelnennungen möglich sind. Eine Rangfolge der Ziele ist mit folgender Tabelle dargestellt.

Tab. 9: Ziele von Packages

	#
Werbung und Imagepflege	2
Kundenzufriedenheit/Mehrwert für Gäste	2
Wirtschaftsförderung für die Region	2
Region attraktiv machen	1
Hotelerie unterstützen	1
Qualität	1
Einnahmen für die Tourismusorganisation	1
Vertriebskanal	1
für Pressearbeit nutzen	1
optimale Ressourcenverteilung, effektive Vermarktung der einzelnen Urlaubsregionen	1

Quelle: Eigene Erhebung Juli 2009, n=6.

Die wichtigsten Ziele, die mit den Packages verfolgt werden sind die Werbung und Imagepflege, die Kundenzufriedenheit und der Mehrwert für die Gäste sowie die Wirtschaftsförderung, beispielsweise mit der Generierung von Übernachtungen. So wird auch die Hotelerie unterstützt. Die Region soll attraktiv dargestellt werden. Eine Organisation verfolgt das Ziel, qualitativ hochwertige Angebote zu präsentieren. Eine Tourismusorganisation will über Buchungsplattformen und Provisionen für die Anzeigenschaltung Einnahmen generieren. Diese können wieder in den Gast investiert werden. Wieder andere Organisationen nutzen die Packages als Vertriebskanal oder für die Pressearbeit. Ein weiteres Ziel ist die optimale Ressourcenverteilung, um eine effektive Vermarktung der einzelnen Urlaubsregionen zu erreichen.

Da die Imageziele mit am häufigsten genannt wurden, sollen diese in Bezug auf das Mountainbiking detaillierter dargestellt werden.

Tab. 10: Imageziele der Tourismusorganisationen im Bereich Mountainbiking

	#
Region als jung, frisch und aktiv präsentieren / verschlafenen Ruf aufheben	3
jüngere Zielgruppen ansprechen, ohne Ältere außen vor zu lassen	2
bekanntesten Mountainbike-Wege in Szene setzen / Touren bewerben	2
Event als größter Imageträger / Event als zugkräftige Sache	2
das Mountainbike als jungen und dynamischen Imageträger nutzen	1
Trainings- und Vorbereitungsgebiet / keine Konkurrenz zu Alpen	1
Region als Eldorado für Mountainbiker präsentieren	1
Landschaft präsentieren (bei Fahrtechnikkursen irrelevant)	1
Mittelgebirge als Urlaubsregion präsentieren	1

Quelle: Eigene Erhebung Juli 2009, n=6.

Tabelle 10 verdeutlicht, dass das Mountainbike häufig als Imageträger genutzt wird, um die Region als jung, frisch und dynamisch zu präsentieren und um den verschlafenen Ruf der Mittelgebirge aufzuheben. Neben der älteren Zielgruppe sollen auch Jüngere die Mittelgebirge als Urlaubsregion wahrnehmen. Ein weiteres Ziel ist die bestehenden Mountainbike-Wege in Szene zu setzten und so auch bekannte Touren zu bewerben. Dabei sind die Mittelgebirge als Trainings- und Vorbereitungsgebiet für mögliche Alpenüberquerungen zu sehen und stehen nicht in Konkurrenz zu den Alpen. Für den Trailpark ist der Event des *„Eifel Marathon"* der größte Imageträger im Bereich Mountainbiking und auch der Frankenwald nutzt den Event *„Trans Germany"*, um ein Package daran zu orientieren.

Im Bereich der Vertriebs- und Kommunikationspolitik wurden die Experten befragt, welche Medien und Kanäle zur Vermarktung und zum Verkauf von Mountainbike-Packages genutzt werden. Die Ergebnisse sind mit folgender Tabelle abgebildet.

Tab. 11: Genutzte Vertriebs- und Kommunikationskanäle der Mountainbike-Packages

	#
Internet (nur Internet, wichtigster Vertriebskanal, zu ca. 80 %)	7
Printmedien/Kataloge/Prospekte/Broschüren z.T. zu Themenschwerpunkten/Urlaubsmagazine	6
Messen / Fachmessen	3
Beilagen oder Artikel in Special Interest Magazinen	2
Networking und Crossmarketing (Zusammenarbeit mit DIMB, Fahrradindustrie, Sponsoren)	2
Biketeam auf europaweiten Rennen	1
Reiseveranstalter	1
Pressearbeit	1

Quelle: Eigene Erhebung Juli 2009, n=7.

Die Annahme, dass die Tourismusorganisationen ihre Pauschalen in erster Linie auf der Homepage präsentieren, ist hiermit bestätigt. Der Tourismusverband Ostbayern nutzt für die Vermarktung der Mountainbike-Packages nur das Internet und auch bei der Volksbank Arena ist das Internet der wichtigste Teil. Der Trailpark und die Schwarzwald Tourismus GmbH schätzen das Internet mit 80% ebenfalls als wichtigsten Vertriebskanal ein. Printmedien wie Kataloge, Prospekte und Broschüren sind zweitrangig und werden von der Volksbank Arena als Notwendigkeit beschrieben und scheinen vordergründig der Kommunikation zu dienen. Messen werden von weniger als der Hälfte der Experten als Vertriebs- und Kommunikationskanal benannt.

Der Trailpark empfiehlt eine Konzentration auf Fachmessen wie die Eurobike in Friedrichshafen. Zusätzliche Kommunikationsmaßnahmen, welche lediglich vom Trailpark genannt werden, sind beispielsweise Artikel in Special Interest Magazinen, Einträge in Mountainbike-Foren, Newsletter bei Neuigkeiten oder gezieltes Networking. Es besteht eine enge Zusammenarbeit mit der DIMB, sodass Daun mittlerweile ein bekanntes Ausbildungszentrum für Mountainbike-Guides ist. Dies verspricht zusätzliche Werbung.

Außerdem tritt ein Biketeam der Eifel bei europaweiten Mountainbike-Rennen an und repräsentiert dort die Region.

Ein weiterer interessanter Ansatz ist das Crossmarketing der Volksbank-arena. Über Partner aus der Fahrradindustrie werden über deren Händlernetz die Kataloge versendet. Ähnlich gestaltet sich die Zusammenarbeit mit den Volksbanken Nord und anderen Sponsoren der Mountainbike-Arena.

Die Schwarzwald Tourismus GmbH fügt dem Special Interest Magazin MountainBIKE jährlich im Frühjahr eine Beilage zu Mountainbike-Pauschalen an, was als sinnvoll und effizient bewertet wird.

Reiseveranstalter als Vertriebskanal und Pressearbeit zum Zweck der Kommunikation werden von der Autorin als unzureichend bewertet, da diese für das Erreichen der Zielgruppe Mountainbiker als zu grob und weit gesteckt angesehen werden.

Ein weiterer interessanter Aspekt ist, welche Leistungsersteller von den Tourismusorganisationen vermittelt werden, wenn diese nicht selbst als Veranstalter auftreten. Bei dem Ergebnis, welches sich bereits mit der Analyse der Websites andeutete, ist auffällig, dass alle Mountainbike-Arenen welche als Vermittler auftreten, die Bike Arena Sauerland, die Volksbankarena und der Mountainbikepark Pfälzerwald, zu 98% bis 100% die Packages von Hotels, Pensionen und Gasthäusern oder zertifizierten bikerfreundlichen Betrieben vermitteln. Die Schwarzwald Tourismus GmbH ist für alle Leistungsträger offen, die ihre Packages kostenpflichtig auf der Homepage einstellen möchten. Sie vermitteln Hotels eher weniger, da dies die Häusergrößen der Region nicht hergeben. Dafür vermitteln sie Mountainbike-Spezialisierte Reiseveranstalter, ebenso wie das Frankenwald Tourismus Service Center. Von den insgesamt drei vermittelten Mountainbike-Packages des Frankenwalds sind zwei von Hotels bzw. Gasthäusern und eines von einem Veranstalter erstellt. Beim Tourismusverband werden Mountainbike-Packages für den Bayerischen Wald über eine untergeordnete Tourismusorganisation erstellt. Die Harzagentur, welche die Volksbank Arena betreut, arbeitete gemeinsam mit einer Touristinformation ein bis zwei Mountainbike-Packages aus. Die Aussagen der ExpertInnen zu den vermittelten Leistungserstellern sind in Tabelle 12 zusammenfassend abgebildet.

Tab. 12: Vermittelte Leistungsersteller der Mountainbike-Packages

	#
Hotels/Gasthäuser/Pensionen (zu 60% bis 100%)	3
untergeordnete Tourismusorganisationen	2
spezialisierte Mountainbike-Veranstalter	2
für alle offen --> können Package kostenpflichtig auf Homepage einstellen	1
bikerfreundliche Betriebe	1
Hotels eher weniger (Häusergrößen geben das nicht her)	1
keine Reiseveranstalter	1

Quelle: Eigene Erhebung Juli 2009, n=6.

Die ExpertInnen wurden außerdem gefragt, ob sie die Gruppe der Mountainbiker nach unterschiedlichen Zielgruppen unterteilen. Der Großteil unterschied die Mountainbiker nach den unterschiedlichen Ausprägungen der Sportart. Meistens wurde darauf verwiesen, dass die Downhiller und Freerider als kleinere und extremere Zielgruppe mit den speziellen Mountainbike-Parks bedient werden. Am häufigsten vertreten sind die Cross Country Biker. Der Trailpark und die Bike Arena Sauerland nannten in ihrer Aufzählung Synonyme, welche eine Anlehnung an die bedürfnisorientierte Differenzierung Vollmers erkennen lässt. Die Volksbank Arena unterscheidet außerdem nach Altersklassen und sieht hierbei die Gruppe der 50er als besonders interessant an, da diese finanziell besser aufgestellt ist. Eine Tourismusorganisation bewirbt die Gruppe der Mountainbiker allgemein.

Tab. 13: Zielgruppendifferenzierung innerhalb der Mountainbiker

	#
nach Ausprägungen der Sportart Mountainbiking (Downhill, Freeride, Cross Country, Racebike, Dirtbike)	3
lässt eine Anlehnung an Vollmer erkennen (genannte Synonyme: Genussbiker, Aktionbiker, Konditions-und Tourenbiker)	2
nach Altersklassen	1
werden allgemein beworben	1

Quelle: Eigene Erhebung Juli 2009, n=5.

Abschließend wurden die ExpertInnen befragt welche Anwendung das Thema GPS in ihren Packages findet und welche Angebote in diese Richtung geplant sind. Das Thema ist viel diskutiert und kann als eigenes Marketinginstrument gesehen werden, sodass eine ausführliche Interpretation und Diskussion der Ergebnisse im Rahmen dieser Studie zu weit führen würden. Die Argumente der ExpertenInnen wurden den Aussagen, dass GPS ein Zukunftsangebot ist und dass GPS noch wenig genutzt wird, zugeordnet und sind im Anhang tabellarisch dargestellt.

Zwischenresumée – Die Rolle der Tourismusorganisation bei der Erstellung und Vermarktung von Packages

- Bei der Package-Anwendung ist zwischen Erstellung und Vermittlung klar zu unterscheiden,
- Die Tourismusorganisationen sehen ihre Rolle, besonders bei speziellen Packages, eher als Vermittler und weniger als Veranstalter,
- Die Hälfte der Tourismusorganisationen bieten aus rechtlichen Gründen keine allgemeinen Pauschalen an,
- Den größten Nachteil von Packages sehen die ExpertInnen in dem hohen Bearbeitungsaufwand,
- Die bedeutendsten Vorteile von Packages liegen in der Werbung und Imagepflege sowie in der Verkaufsförderung eines zielgruppenabgestimmten Angebotes,
- Das Mountainbike wird als Imageträger genutzt, um den verschlafenen Ruf der Mittelgebirge aufzuheben und jüngere Zielgruppen anzuziehen,
- Bei den Mountainbike-Packages ist das Internet der wichtigste Vertriebs- und Kommunikationskanal und der Großteil der Leistungsersteller sind Beherbergungsbetriebe,
- Die befragten ExpertInnen unterscheiden die Mountainbiker eher nach den Ausprägungen der Sportart und weniger nach den individuellen Bedürfnissen.

6.5 Dateninterpretation

Die dargestellten Ergebnisse sollen im folgenden Abschnitt in Bezug auf die drei zentralen Forschungsfragen und den theoretischen Vorkenntnissen interpretiert werden. Die Erkenntnisse werden über vier formulierte Schlussfolgerungen, welche bereits als Handlungsempfehlungen zu bewerten sind, präsentiert.

6.5.1 Zielgruppensensibilisierung und individuelle Angebotserstellung in untergeordneten Tourismusorganisationen

Nach den theoretischen Erkenntnissen haben Tourismusorganisationen über Pauschalen Einfluss auf die touristische Angebotsentwicklung einer Destination. In der Praxis ist dieser Einfluss differenziert nach der Rolle der Tourismusorganisation und deren Zielsetzung zu betrachten.

So ist es durchaus sinnvoll, wenn übergeordnete Organisationen als Vermittler das touristische Angebot der Region gebündelt präsentieren. Ihnen stehen mehr finanzielle Mittel für die Vermarktung zur Verfügung und es wird eine breitere Masse erreicht. Zu Marketingzwecken können ausgearbeitete Packages gezielt zur Werbung und zum Imageaufbau eingesetzt werden. Über interaktive Buchungsplattformen könnte sich der potentielle Kunde Pauschalen zu bestimmten Themen anzeigen lassen. In diesem Fall dienen die Packages der Präsentation eines konkret buchbaren Angebotes zur Generierung von Übernachtungen und weniger der Werbewirkung oder Ideengebung für eine mögliche Urlaubsform.

Die Produktentwicklung, in diesem Fall die Erstellung und Gestaltung zielgruppenangemessener Packages, sollte an der Basis, d.h. in untergeordneten regionalen sowie lokalen Tourismusorganisationen und in Kooperation mit den Leistungsträgern, erfolgen. Vier der zehn untersuchten Mittelgebirgsregionen haben bereits subregionale Tourismusorganisationen gegründet, um die Mountainbike-Angebote in ihrer Gesamtheit als Arena oder Park zu vermarkten. Zu nennen sind hier die Volksbank Arena im Harz, die Bike Arena Sauerland, der VulkanBike TrailPark in der Eifel oder der Mountainbikepark Pfälzerwald. Das zeigt ein bestehendes Bewusstsein, zielgruppenorientiert in einem extra Verband, Verein oder einer Zweckvereinbarung dieses Segment zu bearbeiten, um gegenüber der Konkurrenz wettbewerbsfähig zu bleiben.

Die Verantwortlichen dieser Organisationen sind zum größten Teil selbst Mountainbiker und auf die Bedürfnisse der Zielgruppe sensibilisiert, was bei der Erstellung von Packages ein Vorteil ist.

Sollten rechtliche und organisatorische Bedingungen eine eigenverantwortliche Erstellung von Pauschalen nicht zulassen, liegt die Aufgabe der Tourismusorganisation in der Qualitätskontrolle und in der Beratung. Beherbergungsbetrieben fehlt die Kenntnis der Bedürfnisse der Mountainbiker, abgesehen von bikerfreundlichen Betrieben, um entsprechende Angebote zu erstellen. Mit dem Package sollen nicht nur Übernachtungs- und Zusatzleistungen präsentiert werden. Um die Pauschale für den Imageaufbau oder für Werbezwecke zu nutzen, beispielsweise für bestimmte Touren, bedarf es einer bildhaften und aussagekräftigen Beschreibung. Hierauf müssen die Leistungsersteller sensibilisiert werden und benötigen die Unterstützung der Tourismusorganisation. Diesen erfolgversprechenden Ansatz verfolgt beispielsweise die Bike Arena Sauerland. Die Vermittlung solcher kooperativ erstellten Packages über die Portale der Mountainbike-Arenen und –Parks erscheint sinnvoll, um speziell die Gruppe der Mountainbiker zu erreichen.

Einen weiteren positiv zu bewertenden Ansatz liefert die Schwarzwald Tourismus GmbH als übergeordnete Tourismusorganisation, welche das gesamte Touroperating, also auch die Package-Erstellung, in einer zusätzlichen Außenstelle betreut. So ist eine individuelle Betreuung der einzelnen Zielgruppen möglich. Bei der Erstellung der Packages kann auf einen bestehenden Pool von Leistungsträgern zurückgegriffen werden. Hierbei ist es wichtig, dass besondere Stärken und Zielgruppenausrichtungen der Leistungserbringer in der Angebotserstellung berücksichtigt werden, um eine hohe Qualität der Packages zu sichern. Die bessere Kenntnis der Basis, also der Leistungserbringer, ist ebenfalls lokalen Tourismusorganisationen zuzuschreiben. Um diese zusätzliche Aufgabe qualitativ auszuführen, müssen die personellen und organisatorischen Voraussetzungen gegeben sein.

Es bleibt anzumerken, dass regionale und lokale Tourismusorganisationen im Vergleich zu großen Reiseveranstaltern, deren vorrangige Aufgabe in der Erstellung von Pauschalangeboten besteht, einige Vorteile aufweisen. Die Organisationen kennen die Leistungsträger vor Ort besser und können diese in der Zielgruppenausrichtung beeinflussen sowie beraten. Das bedeutet nicht gleichzeitig, dass sie bei den Packages selbst in die Veranstalterrolle treten müssen. Sie sollten aber zumindest verkaufsorientierte und werbewirksame Packages mit initiieren, über die Homepage anbieten und eine qualitative Abwicklung und Kontrolle der Leistungen überwachen. Denn schließlich ist die Zufriedenheit des Gastes oberste Zielsetzung einer Destination, um diesen bald wieder in der Region begrüßen zu können und sich dessen positive Mund-Propaganda bei Freunden und Bekannten zu Nutze zu machen.

6.5.2 Qualitätskriterien bei der Vermittlung von Packages

Um die gewünschte Werbewirkung zu erzielen ist es wichtig, qualitativ hochwertige und bedürfnisorientierte Packages anzubieten, welche bestimmten Qualitätskriterien unterliegen. Es ist nicht ausreichend zwei oder mehr Leistungen zu bündeln. Das Package muss die gewünschte Urlaubsform abbilden und die Problemlösung für den potentiellen Gast darstellen.

Das erfordert eine differenzierte Ansprache von unterschiedlichen Bedürfnissen innerhalb der Zielgruppe. Der Name und die kurze Beschreibung des Packages können bereits ein Selektionskriterium darstellen. Bei der detailierten Beschreibung der Packages gilt es die Kernkompetenzen, beispielsweise die einmalige Landschaft oder das fachliche Know-how zur Fahrtechnik, hervorzuheben und mit Adjektiven zu umschreiben. Der Interessent soll sich das Angebot bildhaft vorstellen können. Der Slogan „ein Eldorado für Mountainbiker" zu sein ist wenig aussagekräftig. Bereits einige Mittelgebirgsregionen werben damit. Um sich von der Konkurrenz abzuheben, ist die Konzentration auf die Kernkompetenzen und Kreativität gefordert.

Die inhaltliche Gestaltung der Packages sollte zusätzlich über aussagekräftige und qualitativ hochwertige, d. h. nicht zu kleine und verpixelte Bilder unterstützt werden. Über kurze Feedbacks von ehemaligen Teilnehmern kann zusätzliches Vertrauen in das Package aufgebaut werden. Eine andere Möglichkeit ist die Zusicherung von Garantien. Denkbar sind eine Genussgarantie, eine Actiongarantie oder eine Leistungssteigerungsgarantie.

Bei der Vermittlung von Mountainbike-Packages sollte mit professionellen und verlässlichen Leistungsträgern zusammengearbeitet werden. Es handelt sich zwar um eine leicht zufrieden zu stellende Zielgruppe, dennoch müssen bestimmte Voraussetzungen erfüllt sein. In Bezug auf die Beherbergungsbetriebe empfiehlt sich daher eine Zusammenarbeit mit zertifizierten bikerfreundlichen Betrieben. Speziell für die Durchführung von Etappentouren und Überquerungen ist die Kooperation mit mountainbikespezialisierten und regionalen Reiseveranstaltern sinnvoll. Diese kennen die Region, die Bedürfnisse der Zielgruppe und verfügen über das fachliche Wissen.

Zusammenfassend gilt, das abstrakte Produkt so bildhaft wie möglich und mit einer bestimmten Botschaft zu umschreiben sowie eine qualitative Durchführung der Leistung zu garantieren. Das Ziel ist, den Gast zufrieden zu stellen, sodass er das Bedürfnis verspürt, in die Region zurückzukehren und positiv Freunden und Bekannten von seinem Aufenthalt berichtet.

6.5.3 Differenzierung der Zielsetzungen von einzelnen Packages

Mit unterschiedlichen Arten von Packages können verschiedene Ziele verfolgt werden. Standardpauschalen mit Übernachtung/ Frühstück und geführten Touren eigenen sich nicht für den Imageaufbau und dienen bestenfalls der Generierung von Übernachtungen. Nach Meinung der Autorin sind Individualisten, wie die Mountainbiker es sind, mit solchen standardmäßigen Angeboten nicht zu überzeugen. Vielmehr sollte versucht werden, die verschiedenen Formen von Packages zu nutzen, um eine bestimmte Botschaft zu vermitteln und unterschiedliche Zielgruppen anzusprechen.

Individualisten und Abenteurern könnte beispielsweise ein Wohnmobilstellplatz angeboten werden, welcher den Ansprüchen von Mountainbikern entspricht. Das heißt, die Möglichkeit zur Wartung und Reinigung der Bikes bietet und deren sichere Unterstellung gewährleistet. Zusätzlich können Mountainbike-Karten oder -Führer der Region angeboten werden. Die Nutzung eines Schwimmbades oder einer Wellnessanlage gibt die Möglichkeit nach der Tour zu entspannen und stellt möglicherweise eine bessere Waschgelegenheit als auf einem Camping-Platz dar. Ein täglicher Brötchen- und Lunchpaketservice einer örtlichen Bäckerei wäre eine weitere Zusatzleistung. Um die individuelle Gestaltung des Aufenthaltes und den gleichzeitigen Rund-um-Service hervorzuheben, bieten sich Baukasten-Pauschalen an. Es wäre aber auch ein Themen-Package möglich, um die einzelnen Leistungen aufzuzeigen und somit die ganze Region als individualistisches Mountainbike-Gebiet zu profilieren.

Für Manager, Workaholics und solche Mountainbiker, die ein Sorglospaket suchen, bieten sich bedürfnisorientierte Themen-Packages an, in welchen beispielsweise Action und Fun oder Biken mit Genuss im Vordergrund stehen. In diesem Fall sollten Leistungen und Ablauf von Beginn an feststehen, wobei qualitative Ansprüche, z. B. die Unterkunftskategorie, erfüllt sein sollten.

Besonders Packages, welche Etappentouren oder eine Überquerung beschreiben, eignen sich für die Präsentation von besonderen Highlights der Region und können somit auch für den Imageaufbau und die Bewerbung von einzelnen Touren eingesetzt werden. Auch hier gilt die Orientierung an den individuellen Bedürfnissen der Mountainbiker, um die Region entsprechend zu profilieren. Die Kombination der anspruchsvollsten und abenteuerlichsten Single-Trails könnte speziell Action- und Funbiker anlocken. Naturbiker fühlen sich von landschaftlichen Highlights angezogen.

Um sich außerdem von der Konkurrenz abzuheben, wären trainingsbeschreibende Packages möglich. Unterschiedliche Sterntouren, welche eine tägliche Leistungssteigerung versprechen und professionell betreut werden, könnten ein spezielles Opening-Angebot im Frühjahr darstellen oder bevorstehenden Alpenüberquerungen dienen. Auch hier ist die Zusammenarbeit mit professionellen Partnern besonders wichtig. Die Profilierung bestünde in der Darstellung als professionelles Trainings- und Vorbereitungsgebiet für die Alpen mit den entsprechenden Zusatzangeboten von Fahrtechnikkursen, Ernährungsberatungen und Wellnessangeboten.

Um den Kunden langfristig an die Mittelgebirgsdestination zu binden, wären auch aufeinander aufbauende Pauschalen, beispielsweise über die Steigerung von Leistungsgrenzen, denkbar.

6.5.4 Nutzung ausgewählter Kommunikations- und Vertriebskanäle

Für eine aktive Verkaufsförderung ist es empfehlenswert, solche Kommunikations- und Vertriebskanäle zu nutzen, die verstärkt von der Zielgruppe der Mountainbiker wahrgenommen werden. Hierzu zählen das Internet und Special-Interest-Magazine wie die „Bike" und „MountainBIKE".

Ist die Pauschale in ihrer Ausrichtung an führenden Managern orientiert, wären im Rahmen des Crossmarketings auch Anzeigen in bekannten und auflagestarken Manager-Magazinen denkbar. Die individuellen Wohnmobil-Pauschalen könnten in Zusammenarbeit mit Fahrradhändlern vermarktet werden, um eine größere Masse an Mountainbikern und Fahrradfahrern zu erreichen. Auch im Crossmarketing sollten die Tourismusorganisationen mit Partnern, welche die gleiche Zielgruppe ansprechen, zusammenarbeiten, um keine Ressourcen zu verschwenden.

Für den Verkauf der Mountainbike-Pauschalen ist eine Zusammenarbeit mit vertriebsstarken Reiseveranstaltern, welche auf die Zielgruppe der Mountainbiker ausgerichtet sind, möglich. Besonders die Trainingspackages könnten im Paket mit einer später anschließenden Alpenüberquerung nach dem Motto: „Testen Sie ihre Alpentauglichkeit im Mittelgebirge XY“ angeboten werden.

6.6 Lösungsansätze zur Erstellung zielgruppenorientierter Mountainbike-Packages

6.6.1 Entscheidungsfragen

Generell kann gesagt werden, dass die Anzahl und Art der Packages von den natürlichen und abgeleiteten Faktoren einer Destination sowie von den finanziellen und organisatorischen Möglichkeiten der jeweiligen Tourismusorganisation abhängig ist. Die Organisationen sollten sich auf solche Packages konzentrieren, die die Kernkompetenzen der Region widerspiegeln. Die Kommunikation verschieden ausgerichteter Pauschalen führt möglicherweise zu einem widersprüchlichen Image. Sieht die Destination ihre Kernkompetenz in ihrer abwechslungsreichen Landschaft, ist eine gezielte Ansprache der Sport- und Naturbiker denkbar. Action- und Funbiker stellen spezifischere Anforderungen an die Infrastruktur in Form von anspruchsvollen Singletrails oder speziellen Mountainbike-Parks. In Zusammenarbeit mit den Parks und professionellen Guides sind hier Trainingspackages und/ oder Fahrtechnikkurse möglich. Bestehen bei den Tourismusorganisationen Kooperationen mit Wellnesshotels, welche zugleich auch bikerfreundlich geführt werden, sind Pauschalen für Ruhe- und Erholungsbiker sinnvoll.

Gleichzeitig ist zu beachten, dass eine Spezialisierung auf eine Zielgruppe innerhalb der Mountainbiker die anderen Anspruchsgruppen nicht generell ausschließt. So können auch für Erholungsbiker anspruchsvolle und sportliche Varianten angeboten werden, genauso wie Actionbiker möglicherweise auch gerne Wellnessangebote in Anspruch nehmen. Der Package-Name und die Beschreibung sollten jedoch eine Ausrichtung in den Vordergrund stellen.

So kann das Package für Werbemaßnahmen eingesetzt werden und ermöglicht eine aussagestarke Profilierung der Destination auf dem Markt.

Entscheidungsfragen bezüglich der natürlichen und abgeleiteten Faktoren sind mit Abbildung 13 zusammenfassend dargestellt.

Desweiteren stellt sich für die Tourismusorganisation die Frage, welche Rolle sie bei den Packages übernimmt. Auch hier sind die Zielsetzungen sowie Voraussetzungen der einzelnen Organisationen ausschlaggebend für die Aufgabenverteilung innerhalb der touristischen Organisation der Destination. Mit höheren finanziellen und personellen Mitteln steigen die Möglichkeiten der Tourismusorganisation, verschiedene zielgruppenangemessene und/ oder individuelle Packages zu initiieren und zu vermitteln. Eine eigenständige Rechtspersönlichkeit ermöglicht den Verkauf selbst erstellter Packages. Die Tourismusorganisation tritt dann als Veranstalter auf.

Abb. 13: Grundsätzliche Fragen bei der Package-Erstellung

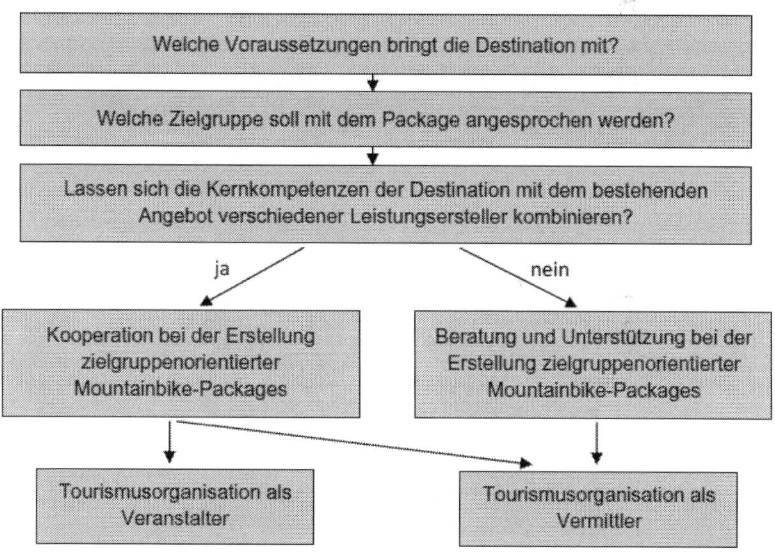

Quelle: Eigene Darstellung 2009.

Inwieweit die Ziele und Voraussetzungen der Tourismusorganisationen die Package-Gestaltung bestimmen, ist mit Abbildung 14 verdeutlicht.

Standardpauschalen zur Generierung von Übernachtungen sind hierbei nicht als wettbewerbsfähig einzustufen. Sollen die Packages bestimmte Zielgruppen ansprechen, können allgemeine Themenpauschalen angeboten werden. Verfolgt die Tourismusorganisation mit den Packages das Ziel, sich gegenüber der Konkurrenz abzuheben und beim Kunden ein bestimmtes Image aufzubauen, müssen mit der Pauschale zielgruppenspezifische Problemlösungen aufgezeigt werden. Die Erstellung solcher Packages erfordert allerdings auch einen höheren Bearbeitungsaufwand. Verfügt die Tourismusorganisation über hohe finanzielle Mittel und entsprechende organisatorische Voraussetzungen sind interaktive Buchungsplattformen und spezielle Operating-Abteilungen denkbar, um individuelle Kundenwünsche zu erfüllen.

Das Management einer regionalen Tourismusorganisation muss sich im ersten Schritt über die Zielsetzung, welche mit dem Package verfolgt werden soll, einig werden. Anschließend ist zu überlegen, wie sich diese mit den gegebenen organisatorischen und finanziellen Voraussetzungen erfüllen lässt.

Abb. 14: Ziele und Voraussetzungen einer Tourismusorganisation bei der Package- Gestaltung

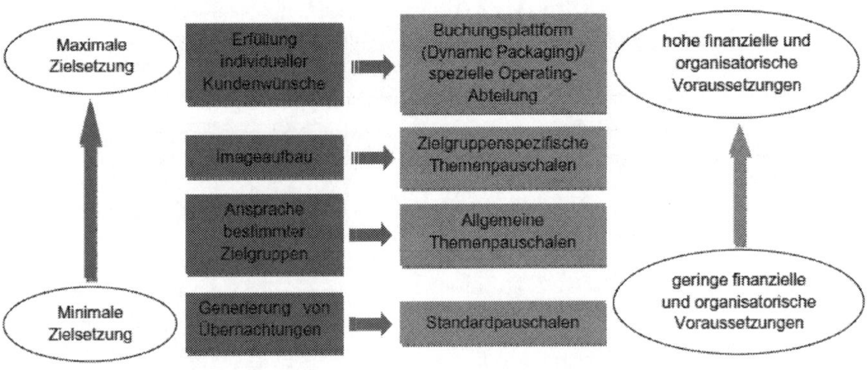

Quelle: Eigene Darstellung 2009.

6.6.2 Leitfaden zur zielgruppenorientierten Package-Gestaltung

Zielgruppenorientierte Packages können dem Aufbau eines Images dienen und gezielt zu Werbezwecken eingesetzt werden. Um diesen Ansprüchen gerecht zu werden, bedarf es der Beachtung einiger Kriterien bei der Package-Gestaltung.

Bereits der Package-Name ist ein Selektionskriterium für den potentiellen Kunden. Im Namen und in der möglichst kurzen sowie prägnanten Beschreibung des Packages muss der Interessent sich wiedererkennen und seine Urlaubsbedürfnisse befriedigt sehen. Name und Thema sind das Aushängeschild des Packages und sollen die Zielgruppe ansprechen und bereits eine Botschaft vermitteln.

Die detaillierte Beschreibung der Leistung soll dem Kunden aufzeigen, was ihn zu erwarten hat und die Region vorstellen, in der das Package stattfindet. Denn schließlich soll die Destination im Bewusstsein des Gastes verankert werden. Sinnvoll ist außerdem die Beschreibung der Voraussetzungen, die der Gast mitbringen sollte. So wird vermieden, dass die Erwartungshaltung nicht der tatsächlichen Leistung entspricht. Besonders wenn das Package mit mehreren Teilnehmern durchgeführt wird, ist eine ähnliche Leistungsstufe der Gruppe von Vorteil, um alle zufrieden zu stellen. Nichts ist schlimmer als ständig auf andere zu warten oder immer der Letzte zu sein. Das Mountainbike-Package sollte insgesamt die Bedürfnisse der unterschiedlichen Zielgruppen differenziert ansprechen und mit zutreffenden Adjektiven beschreiben. Aussagekräftige Bilder sollten die Beschreibung unterstützen, um dem Interessenten auch einen visuellen Eindruck der Leistungen zu geben. Zusammenfassend sollte ein Überblick über alle Leistungen gegeben werden. Zusätzliche Leistungen können optional angegeben werden.

Wichtig ist außerdem, einen Ansprechpartner für mögliche Rückfragen zu nennen. Ist die Tourismusorganisation nicht selbst Veranstalter, sollte dieser ausdrücklich ausgewiesen werden, um Unklarheiten beim Gast zu vermeiden.

Zusammenfassend sind zentrale Punkte, welche bei der Package-Gestaltung zu beachten sind, dargestellt:

- Welche Botschaft soll das Package vermitteln?

- Welche Zielgruppe, sprich welche Bedürfnisse, will ich mit dem Package ansprechen?
- In welcher Region findet das Package statt (Landschaft, Klima, Kultur)?
- Was erwartet den Kunden und welche besonderen Voraussetzungen werden an ihn gestellt (Einschätzung der Leistung)?
- Unterstützung der Beschreibung mit aussagekräftigen Bildern.

Der Leitfaden dient nicht nur der Erstellung eigener Packages, sondern kann auch bei der Vermittlung von Packages als Richtlinie herangezogen werden. Tourismusorganisationen sollten nur solche Packages vermitteln, welche den oben genannten „Qualitätskriterien“ entsprechen und die Leistungsersteller dahingehend beraten.

7 Fazit und Ausblick

Die Mittelgebirgsdestinationen stehen im Bereich des Mountainbike-Tourismus unter Handlungsbedarf. Das Mountainbiking ist längst kein Nischenprodukt mehr, sondern zum Standardangebot avanciert, sodass eine gezielte Marktbearbeitung wichtig ist, um dauerhaft und erfolgreich im Wettbewerb bestehen zu können. Hierzu müssen dem Kunden Zusatznutzen in Form von Leistungsfaktoren und Begeisterungsfaktoren geboten werden. Pauschalangebote können hier gezielt eingesetzt werden, um den Nutzen für den Kunden zusätzlich zu maximieren und ihn so von einem Aufenthalt in der Destination zu überzeugen.

Dass Pauschalangebote in der Gruppe der Mountainbiker nur mäßig genutzt werden, kann nicht nur damit begründet sein, dass diese ihren Urlaub eher individuell organisieren. Die vorangegangenen Ausführungen haben gezeigt, dass bestehende Mountainbike-Packages die differenzierten Bedürfnisse der Zielgruppe nicht ausreichend ansprechen und in der Gestaltung nicht kreativ genug sind. Die Packages präsentieren keinen wirklichen Zusatznutzen für die Zielgruppe. Tourismusorganisationen müssen das aufgezeigte Profilierungspotential, welches in der Gestaltung von zielgruppenspezifischen Packages steckt, erkennen. Diese ermöglichen eine vielfältige Angebotspräsentation im Rahmen des Marketings und eine klare Positionierung gegenüber der Konkurrenz.

Der größte Vorteil zielgruppenorientierter Packages ist in der Werbewirkung und dem Imageaufbau für die Region zu sehen und weniger in steigenden Umsatzzahlen für die Tourismusorganisation. Daher besteht die grundsätzliche Aufgabe der Tourismusorganisationen in der Beratung und Unterstützung der Leistungsträger zur Erstellung zielgruppenorientierter Pauschalangebote, um damit eine einheitliche und wettbewerbsfähige Positionierung auf dem Markt zu erzielen. Als besonders geeignet für die Initiierung und Erstellung zielgruppenspezifischer Angebote erscheinen subregionale Organisationen. Alle Kernkompetenzen, welche die Region zur Befriedigung einer Zielgruppe aufweist, können so in einer Organisation gebündelt bearbeitet werden, was wiederum einen Wettbewerbsvorteil gegenüber den Konkurrenzdestinationen verspricht. Für welche Zielgruppe und deren spezifischen Bedürfnisse Angebote und Packages entwickelt werden, ist für jede Destination individuell zu bestimmen und abhängig von den Zielen und Voraussetzungen der Tourismusorganisationen.

Neben diesen Erkenntnissen können außerdem weiterführende Forschungsfragen abgeleitet werden. So bestehen bislang keine Methoden zur Messung des Imagegewinns einer Destination durch den Einsatz zielgruppenorientierter Packages. Die Wirkung von Packages bei der Zielgruppe ist im Tourismus bislang unerforscht. Gründe hierfür sind in den geringen finanziellen Mitteln der Tourismusorganisation und der schweren Erfassung der Probanden zu sehen, da die Buchungswege bei den Packages oftmals schwer nachvollziehbar sind. Um jedoch den Nutzen von Packages in Bezug auf Werbezwecke und Imageaufbau fundiert einschätzen zu können, erscheinen vertiefende Forschungen dahingehend als angebracht.

Abschließend bleibt anzumerken, dass zielgruppenorientierte Packages auch für die Profilierung anderer Reisethemen genutzt werden können. Im Bereich des Wandertourismus sind gezielte Packages für Sportwanderer oder Genusswanderer denkbar. Ähnliche Differenzierungsmöglichkeiten bieten sich im Wintersport an. Eine reine Segmentierung der Zielgruppen nach Altersklassen oder Lebensphasen erscheinen der Autorin bereits heute überholt. Die Herausforderungen der Destinationen bestehen in der gezielten Ansprache von Bedürfnissen und Motiven und dem Aufzeigen von individuellen Problemlösungen für die gesuchte Urlaubsform, um den hybriden Kunden von heute zu erfassen.

Literaturverzeichnis

Albers, S., Herrmann, A. (Hrsg.) (2007): *Handbuch Produktmanagement. Strategieentwicklung - Produktplanung - Organisation - Kontrolle.* Wiesbaden: Gabler Verlag.

Allgemeiner Deutscher Fahrrad Club e.V. (Hrsg.) (2001): *Mountainbiking. Ein ADFC-Leitfaden für Planer, Touristiker und Biker.* Bremen.

Auer-Srnka, K. J. (2009): Hypothesen und Vorwissen in der qualitativen Marktforschung. In: R. Buber, H. H. Holzmüller (Hrsg.): *Qualitative Marktforschung. Konzepte, Methoden, Analysen* (S. 159-172). Wiesbaden: Gabler.

Becker, C., Hopfinger, H., Steinecke, A. (Hrsg.) (2007): *Geographie der Freizeit und des Tourismus. Bilanz und Ausblick.* München: Oldenbourg Wissenschaftsverlag.

Bernkopf, G. (1983): Marktrisiken mit Markenstrategien begegnen. In *Absatzwirtschaft, Sonderheft 10* (S. 58-62).

Bieger, T. (2008): *Management von Destinationen.* München: Oldenbourg Wissenschaftsverlag.

Bieger, T. (2000): *Management von Destinationen und Tourismusorganisationen.* Wien, München: Oldenbourg Wissenschaftsverlag.

Bogner, A., Littig, B., Menz, W. (Hrsg.) (2005): *Das Experteninterview. Theorie, Methode, Andwendung.* Wiesbaden: VS Verlag für Sozialwissenschaften.

Bogner, A., Menz, W. (2005): Das theoriegenerierende Experteninterview. Erkenntnisinteresse, Wissensformen, Interaktion. In: A. Bogner, B. Littig, W. Menz (Hrsg.): *Das Experteninterview. Theorie, Methode, Andwendung,* (S. 33-70). Wiesbaden: VS Verlag für Sozialwissenschaften.

Bogner, A., Menz, W. (2005): Expertenwissen und Forschungspraxis: die modernisierungstheoretische und methodische Debatte um die Experten. In: A. Bogner, B. Littig, W. Menz (Hrsg.): *Das Experteninterview. Theorie, Methode, Anwendung* (S. 7-30). Wiesbaden: VS Verlag für Sozialwissenschaften.

Buber, R., Holzmüller, H. H. (Hrsg.) (2005): *Qualitative Marktforschung. Konzepte, Methoden, Analysen*. Wiesbaden: Gabler.

Cessford, G. (1995): *Off-Road mountain biking: A profile of participants and their recreation setting and experience preferences*. Wellington. Abgerufen am 23. April 2009 von New Zealand Mountain Bike Web: www.mountainbike.co.nz/politics/doc/profile/.

Deutscher Sportbund (Hrsg.) (2003): *Sport und Tourismus. Dokumentation des 10. Symposiums zur nachhaltigen Entwicklung des Sports vom 28. – 29. November 2002 in Bodenheim/ Rhein*. (Schriftenreihe Sport und Umwelt, Heft 21). Frankfurt/Main.

Egner, H. (2000): Trend und Natursportarten in der Gesellschaft. In: A. Eschner, H. Egner, M. Kleinhans (Hrsg.): Trend- und Natursportarten in den Wissenschaften. Forschungsstand - Methoden - Perspektiven. Symposium am Geographischen Institut der Johannes-Gutenberg-Universität, Mainz am 31.3. - 1.4.2000 (S. 7-20). Hamburg: Czwalina Verlag.

Elsasser, H et al. (Hrsg.) (2001): Tourismus Journal. Zeitschrift für tourismuswissenschaftliche Forschung und Praxis. Band 5. Stuttgart.

Eschner, A., Egner, H., Kleinhans, M. (Hrsg.) (2000): *Trend- und Natursportarten in den Wissenschaften. Forschungsstand - Methoden - Perspektiven. Symposium am Geographischen Institut der Johannes-Gutenberg-Universität, Mainz am 31.3. - 1.4.2000*. Hamburg: Czwalina Verlag.

Flesch, Y. (2007): *Mountainbike-Tourismus im Schwarzwald. Eine Analyse der Nachfrage und der Zufriedenheit in der Mountainbike Arena Murg-/ Enztal.* Unveröffentliche Diplomarbeit an der Universität Trier, Trier.

Flick, U. et al. (Hrsg.) (1985): *Handbuch Qualitative Sozialforschung. Grundlagen, Konzepte, Methoden und Anwendungen.* Weinheim: Beltz Psychologie Verlags Union.

Flick, U. (1995): Stationen des qualitativen Forschungsprozesses. In: U. Flick et al.: *Handbuch Qualitative Sozialforschung. Grundlagen, Konzepte, Methoden und Anwendungen* (S. 147-174). Weinheim: Beltz Psychologie Verlags Union.

Fredlmeier, S. (2003): Das radtouristische Konzept des Naturparks Frankenwald. In: Deutscher Sportbund (Hrsg.): *Sport und Tourismus. Dokumentation des 10. Symposiums zur nachhaltigen Entwicklung des Sports vom 28. – 29. November 2002 in Bodenheim/ Rhein.* (Schriftenreihe Sport und Umwelt, Heft 21) (S. 52-61). Frankfurt/Main.

Freyer, W. (2006): *Tourismus.* München: Oldenbourg Wissenschaftsverlag.

Freyer, W. (2009): *Tourismus-Marketing. Marktorientiertes Management im Mikro- und Makrobereich der Tourismuswirtschaft.* München: Oldenbourg Wissenschaftsverlag.

Froitzheim, T., Spittler, R. (1997): *Leitbilder eines natur- und landschaftsverträglichen Mountainbikings.* Bielefeld. Abgerufen am 18. Dezember 2008: www.aube-umweltakademie.de/Seite3.htm.

F.U.R. (2009): *ReiseAnalyse.* Abgerufen am 05. Mai 2009 von FUR Forschungsgemeinschaft Urlaub und Reisen: http://www.fur.de/fileadmin/user_upload/Reiseanalyse_RA09_Erste_Ergebnisse.pdf.

Gläser, J., Laudel, G. (2009): *Experteninterviews und qualitative Inhaltsanalysen als Instrument rekonstruierender Untersuchungen.* Wiesbaden: VS Verlag für Sozialwissenschaften.

Haedrich, G., Klemm, K., Kreilkamp, E. (Hrsg.) (1998): *Tourismus-Management.* Berlin, New York: Walter de Gruyter.

Hallerbach, B. (2007): Marktsegmentierung und der Trend zum hybriden Urlauber. In: C. Becker, H. Hopfinger, A. Steinecke (Hrsg.): *Geographie der Freizeit und des Tourismus. Bilanz und Ausblick* (S. 171-180). München: Oldenbourg Wissenschaftsverlag.

Heineberg, H., Temlitz, K. (Hrsg.) (1998): *Nachhaltige Raumentwicklung im Sauerland? Landschaftswandel, Wirtschaftsentwicklung, Nutzungskonflikte (Westfälische Geographische Studien, 47)*. Münster: Geographische Kommission für Westfalen.

Heinz, A. (2007): *MTB-Tourismus. Handlungsempfehlungen für Anbieter im Mountainbike-Tourismus.* Saarbrücken: VDM Verlag Dr. Müller.

Huber, F., Kopsch, A. (2007): Produktbündelung. In: S. Albers, A. Herrmann (Hrsg.): *Handbuch Produktmanagement. Strategieentwicklung - Produktplanung - Organisation - Kontrolle* (S. 617-648). Wiesbaden: Gabler Verlag.

Kern, A. (2001): *Profil und Profilierung deutscher Urlaubsregionen unter besonderer Berücksichtigung der Mittelgebirge.* Trier: Geographishe Gesellschaft Trier in Zusammenarbeit mit der Fachgruppe Geographie der Universität Trier.

Koschnick, W. J. (1995): Stichwort "Marketing-Forschung", In: *Standard-Lexikon für Markt- und Konsumforschung. Band 2. L-Z.* München; New Providence; London; Paris: Saur Verlag.

Kotler, P., Keller, K. L., Bliemel, F. (2007): *Marketing-Management. Strategien für wertschaffendes Handeln.* München ; Boston [u.a.]: Pearson Studium.

Kreilkamp, E. (1998): Produkt- und Preispolitik. In: G. Haedrich, K. Klemm, E. Kreilkamp (Hrsg.): *Tourismus-Management* (S. 325-356). Berlin, New York: Walter de Gruyter.

Krippendorf, J. (1980): *Marketing im Fremdenverkehr.* Bern: Lang.

Luft, H. (2005): *Grundlegende Tourismuslehre: Theorie und Praxis.* Meßkirch: Gmeiner Verlag.

Luft, H. (2001): *Organisation und Vermarktung von Tourismusorten und Tourismus-regionen: Destination Management.* Meßkirch: Gmeiner Verlag.

Malhotra, N. K., & Peterson, M. (2006): *Basic Marketing Research. A Decision-Making Approach. Second Edition.* New Jersey: Pearson Education International.

Matzler, K., Pechlaner, H., Siller, H. (2001): Die Ermittlung von Basis-, Leistungs-, und Begeisterungsfaktoren der Gästezufriedenheit. In: H, Elsasser et al. (Hrsg.): *Tourismus Journal. Zeitschrift für tourismuswissenschaftliche Forschung und Praxis. Band 5* (S. 445-469). Stuttgart.

Mayring, P. (2008): *Qualitative Inhaltsanalyse. Grundlagen und Techniken.* Weinheim, Basel: Beltz Verlag.

Mayring, P., Brunner, E. (2009): Qualitative Inhaltsanalyse. In: R. Buber, H. H. Holzmüller (Hrsg.): *Qualitative Marktforschung. Konzepte - Methoden - Analysen* (S. 669-680). Wiesbaden: Gabler.

Meuser, M., Nagel, U. (2005): ExpertInneninterviews - vielfach erprobt, wenig bedacht. Ein Beitrag zur qualitativen Methodendiskussion. In: A. Bogner, B. Littig, W. Menz (Hrsg.): *Das Experteninterview. Theorie, Methode, Anwendung* (S. 71-94). Wiesbaden: VS Verlag für Sozialwissenschaften.

Mieg, H. A., & Näf, M. (2005): *Experteninterviews.* Zürich: Institut für Mensch-Umwelt-Systeme (HES).

Miglbauer, E. (1995): Radtourismus als Element der regionalen Tourismusförderung. In: A. Dreyer, A. Krüger (Hrsg.): *Sporttourismus: Management- und Marketing- Handbuch* (S. 341-361). München; Wien: Oldenbourg Verlag.

Mountain BIKE (2007): *Leserwahl Best Bikes und Best Brands 2006.* Ausgabe 01/2007. Stuttgart.

Mountain BIKE (2008): Zehn Mittelgebirgsreviere im Vergleich. Abgerufen am 08. April 2009 von Mountain BIKE: www.mountainbike-magazin.de/.../touren/deutschland/zehn-mittelgebirgsreviere-im-vergleich.218703.2.htm

Mruck, K., & Mey, G. (2009): Der Beitrag qualitativer Methodologie und Methodik zur Marktforschung. In: R. Buber, H. H. Holzmüller (Hrsg.): *Qualitative Marktforschung. Konzepte, Methoden, Analysen* (S. 21-45). Wiesbaden: Gabler.

Mundt, J. W. (Hrsg.) (2000): *Reiseveranstaltung: Lehr und Handbuch*. München, Wien: Oldenbourg Wissenschaftsverlag GmbH.

Pechlaner, H., Weiermair, K. (Hrsg.) (1999): *Destinations-Management: Führung und Vermarktung von touristischen Zielgebieten.* Wien: Linde Verlag.

Petczelies, F. (1998): Mountainbiking und Tourismus. Die Akzeptanz von Mountainbike-Wegenetzen am Beispiel der Mountainbike-Arena-Hochsauerland. In: H. Heineberg, K. Temlitz (Hrsg.): *Nachhaltige Raumentwicklung im Sauerland? Landschaftswandel, Wirtschaftsentwicklung, Nutzungskonflikte (Westfälische Geographische Studien, 47)* (S. 161-182). Münster: Geographische Kommission für Westfalen.

Pompl, W. (2000): Das Produkt Pauschalreise - Konzept und Elemente. In: J. W. Mundt (Hrsg.): *Reiseveranstaltung: Lehr und Handbuch* (S. 73-114). München, Wien: Oldenbourg Wissenschaftsverlag GmbH.

Raab, A. E., Poost, A., Eichhorn, S. (2009): *Marketingforschung. Ein praxis-orientierter Leitfaden.* Stuttgart: W. Kohlhammer.

Stengel, N. (2004): *Dynamic Packaging - Eine Analyse der Auswirkungen auf die Tourismus-Wertschöpfungskette und spezielle Bereiche des Tourismus-Marketing.* Hamburg: Diplomica GmbH.

Stiftung für Zukunftsfragen. (2009): *BAT Stiftung für Zukunftsfragen stellt die 25. Deutsche Tourismusanalyse vor.* In: Forschung aktuell, Ausgabe 212, Jg.30 , S. 1-8.

Trendscope (Hrsg.) (2008): Radreisen der Deutschen 2008. Auszüge aus dem Basispaket. Köln.

Tschurtschenthaler, P. (1999): Destination Management/Marketing als (vorläufiger) Endpunkt der Diskussion der vergangenen Jahre im alpinen Tourismus. In: H. Pechlaner, K. Weiermair (Hrsg.): *Destinations-Management: Führung und Vermarktung von touristischen Zielgebieten* (S. 7-36). Wien: Linde Verlag.

Vollmer, D. (1999): *Mountainbiking und Tourismus. Marktsegmentierung der Zielgruppe.* Unveröffentlichte Diplomarbeit an der Katholischen Universität Eichstätt. Eichstätt.

Watzek, T. (1999): *Der Mountainbiketourismus. Eine Analyse der Nachfrage im Sommer 1998.* (Schriftenreihe für empirische Tourismusforschung und Hospitality Management, Band 12). Wien

Weis, H. C. (1995): *Marketing.* Ludwigshafen (Rhein): Friedrich Kiehl Verlag.

Wiesner, K. A. (2008): *Strategisches Destinationsmarketing. Erfolgsfaktoren für touristische Organisationen und Leistungsträger.* Meßkirch: Gmeiner Verlag.

Wöhrstein, T. (1998): *Mountainbike und Umwelt.* Saarbrücken-Dudweiler: Pirrot Verlag & Druck.

Wüstefeld, A. (2000): *Fahrradtourismus - eine Aufgabe für das Regionalmarketing.* In: Geographische Rundschau, Jg. 52, Heft 2, S. 16-20.

Anhangsverzeichnis

Anhang 1: Ausdifferenzierung der Sportart Mountainbiking

Subkategorie	Charakteristik
Cross Country	**Sportliches Radwandern auf Strecken mit unter-schiedlichen Schwierigkeitsgraden.** Bei Rennen in Form von Rundstreckenennen auf einem abgesteckten Parcours von fünf bis zehn Kilometer Länge, die mehrmals befahren wird. Die Renndistanz beträgt bei internationalen Rennen ca. 40 bis 50 Kilometer. Beliebteste Form des Mountainbikings.
Downhill	**Reine Bergabfahrten, im Vordergrund stehen Fahrzeug-beherrschung und Fahrtechnik.** Die Streckenlänge bei Rennen sollte zwischen drei und acht Kilometern liegen und aus Hochgeschwindigkeits-passagen und einem technisch anspruchsvollen Teil bestehen.
Uphill/ Hill Climb	**Reine Bergauffahrten, an meist steil ansteigenden Strecken.** Die Streckenlänge sollte mindestens fünf Kilometer betragen.
Dualslalom/ Parallelslalom	**Kurze Slalomfahrt in abfallenden oder flachen Gelände.** Auf zwei parallel verlaufenden Parcours mit mindestens zehn Toren, die eine Richtungsänderung notwendig machen. Spezialform Bikercross: Start von sechs Fahrern gleichzeitig.
Trial	**Geschicklichkeits- bzw. Hindernisfahrten, in erster Linie Körper- und Fahrzeugbeherrschung.** Parcours in schwerem Terrain mit natürlichen (Felsen, Steine, Wasser, etc.) oder künstlichen (Stufen, Treppen, etc.) Hindernissen.
Marathon	**Cross Country im Ausdauerbereich.** Hierbei unterscheidet man zwischen Kurzstrecke mit einer Distanz von mindestens 50 Kilometer und der Langstrecke von mindestens 100 Kilometer. Es können mehrere Runden auf einem Rundkurs gefahren werden oder auch Strecken, bei denen Start- und Zielpunkt nicht an einem Ort liegen.
Weitere Subkategorien mit untergeordneter Bedeutung: Orientierungsfahrten, Dual-Eliminator, Snowdownhill, Freeride, Dirt	

Quelle: Flesch 2007, S. 36

Anhang 2: Physische Deutschlandkarte mit Hervorhebung der untersuchten Mittelgebirgsregionen

Quelle:
http://de.wikipedia.org/w/index.php?title=Datei:Deutschland_Landschaften.png&filetimestamp=20080623170620, Abgerufen am 01. September 2009.

Anhang 3: Quellen der Internetrecherche

Schwarzwald Tourismus GmbH: *www.schwarzwald-tourismus.info*

Sauerland-Tourismus e.V.: *www.sauerland.com*

Bike Arena Sauerland e.V.: *www.bike-arena.de*

Harzer Verkehrsverband e.V.: *www.harzinfo.de*

Volksbank Arena Harz (Zweckvereinbarung Mountainbike-Park Harz): *www.volksbank-arena-harz.de*

Tourismusverband Ostbayern e.V.: *www.ostbayern-tourismus.de; bayerischer-wald.de*

Touristik-Information Naturpark Oberer Bayerischer Wald: *www.bayerischer-wald.org*

Tourist-Information Ferienland Nationalpark Bayerischer Wald: *www.bayerwald-info.de*

Touristisches Service Center ArberLand: *www.bayerischer-wald.info*

Pfalz Touristik e.V.: *www.pfalz-touristik.de*

Zentrum Pfälzerwald Touristik: *www.zentrum-pfaelzerwald.de*

Mountainbikepark Pfälzerwald: *www.mountainbikepark-pfaelzerwald.de*

Eifel Tourismus (ET) GmbH: *www.eifel.info*

VulkanBike TrailPark: *www.trailpark.de*

Schwäbische Alb Tourismusverband e.V.: *www.schwaebischealb.de*

Frankenwald Tourismus Service Center: *www.frankenwald-tourismus.de*

Tourismuszentrale Fränkische Schweiz: *www.fraenkische-schweiz.com*

Tourismusverband Erzgebirge e.V.: *www.erzgebirge-tourismus.de*

Sachsen Tourismus: *www.sachsen-tour.de*

Anhang 4: Quellen der Mountainbike-Packages

Bike-Crossing-Schwarzwald:
www.schwarzwald-tourismus.info/pauschalen/rad_fahren/bike_crossing_schwarzwald

Waldmünchner Mountainbike Touren:
www.bayerischer-wald.org/prospekt/radelprospekt.pdf

Bayerwald Cross/ Trans Bayerwald: http://www.bayerischer-wald.info/themen/mountainbiken/grenzenloser-mountainbikespass-im-eldorado-arberland/5166/gefuehrte-rad-touren.html

Bikeness Weekend:
www.trailpark.de/nextshopcms/show.asp?lang=de&e1=1224&ssid=1&mdocid=878&newsid=25

Bike & Vital im Bayerischen Staatsbad Bad Steben:
www.frankenwald-tourismus.de/gastgeber-angebote/pauschalen/pauschale/bike-vital-im-bayerischen-staatsbad-bad-steben.41.html

Erlebnis "Trans Germany":
www.frankenwald-tourismus.de/gastgeber-angebote/pauschalen/pauschale/erlebnis-trans-germany.47.html

Ideales Biker-Ziel - Natur pur!!!:
www.frankenwald-tourismus.de/gastgeber-angebote/pauschalen/pauschale/ideales-biker-ziel-natur-pur.22.html

Anhang 5: Expertenaussagen und persönliche Kontakte

Herr Arnetsberger: Marketingleiter Bayerischer Wald, Tourismusverband Ostbayern e.V., Experteninterview am 07. Juli 2009.

Herr Bauer: Tourismuszentrale Fränkische Schweiz, Experteninterview am 10. Juli 2009.

Herr Beyer-Zamzow: Geschäftsführer, Harzagentur (Zweckvereinbarung Volksbank Arena), Experteninterview am 14. Juli 2009.

Herr Hotz: Bereichsleiter der Abteilung Themenmanagement, Schwarzwald Tourismus GmbH, Experteninterview am 07. Juli 2009.

Herr Dr. Hürten: Geschäftsführer, Trendscope, persönliches Gespräch am 02. April 2009.

Herr Kubannek: Mountainbike Sport/-Tourismus Marketing, Vulkan Bike Trailpark, Verbandsgemeinde Daun, Experteninterview am 14. Juli 2009.

Herr Lehmberg, Projektreferent, Harzer Verkehrsverband e.V., Experteninterview am 14. Juli 2009.

Frau Schneider: Zentrum Pfälzerwald, Experteninneninterview am 7. Juli 2009.

Herr Schneider: Erstellung Broschüren und Angebote im Bereich Marketing, Frankenwald Tourismus Service Center, Experteninterview am 10. Juli 2009.

Herr Schürmann: Geschäftsführer, Ahaus Marketing & Touristik GmbH, Experteninterview am 06. Juli 2009.

Herr Wegerich: Geschäftsführer Bike Arena, Bike Arena Sauerland e.V., Experteninterview 7. Juli 2009.

Herr Dr. Wöhrstein: Tourismusberatung, Planung & Marketing, Outdoor Concepts, Experteninterview am 11. Juli 2009.

Anhang 6: Untersuchungsaspekte und Untersuchungskriterien des empirischen Teils

Untersuchungsgegenstand (Welche Websites sollen auf Package-Angebote untersucht werden?)

Mittelgebirge	Untersuchungsaspekte	Ziel der Untersuchung
zuständige Tourismusorganisation	Welche Tourismusorganisation ist für die Vermarktung der Mittelgebirgsdestination zuständig? Problematik: Oftmals sind mehrere oder überregionale Tourismusorganisationen an der Vermarktung der Mittelgebirgsdestination beteiligt. Entscheidung: Dieser erste Untersuchungsschritt soll ein Versuch sein, alle beteiligten Tourismusorganisationen herauszufinden, um bei der anschließenden telefonischen Kontaktaufnahme zu klären, welche Tourismusorganisation mit entsprechendem Ansprechpartner für das folgende Expertengespräch geeignet ist bzw. für die Package-Gestaltung und/oder Vermarktung zuständig ist.	Welche Tourismusorganisationen erstellen und/oder vermarkten Mountainbike-Packages? Daraus leitet sich ab, wer in Expertengesprächen befragt werden soll.
Mountainbike-Arena	Einige Regionen vermarkten ihre Mountainbike-Infrastruktur als Arena oder Park, für dessen Instandhaltung und Vermarktung eine eigenständige Tourismusorganisation zuständig ist.	
Mountainbike-Parks	Einige Regionen verfügen zusätzlich über meist privatwirtschaftliche oder örtliche Mountainbike-Parks welche in erster Linie spezielle Zielgruppen, beispielsweise Downhiller, ansprechen. Diese sollen in die Untersuchung mit einbezogen werden, um zu analysieren ob auf dieser Ebene zusätzlich Packages angeboten werden.	

Inhaltsanalyse der Websites

<table>
<tr><th></th><th>Beschreibung und Abgrenzung der Untersuchungskriterien</th><th>Ziel der Untersuchung</th><th>Auswertung und Beschreibung der Ergebnisse</th></tr>
<tr><td>Homepage Tourismusorganisation</td><td>Die Homepage der Destination/ Tourismusorganisation ist die zu untersuchende Einheit, welche nach Fahrrad-Pauschalen allgemein und Mountainbike-Pauschalen im Speziellen durchsucht werden soll. Es soll hier nach beiden Varianten recherchiert werden, um festzustellen ob die Region mit den Packages speziell die Zielgruppe der Mountainbiker ansprechen möchte oder Packages allgemein für Fahrradfahrer anbietet. Einem Package liegt dabei die Definition zugrunde, aus mindestens zwei Leistungen zu bestehen, beispielsweise Übernachtung, Verpflegung und Tourenangebote. Es wurden dabei auch Synonyme wie Pauschale oder Arrangement berücksichtigt.</td><td rowspan="9">Wo werden Mountainbike-Packages angeboten? (Auf der Homepage der zuständigen Tourismusorganisation der Mittelgebirgsdestination oder eher auf speziellen Websites, welche auf die Zielgruppe der Mountainbiker ausgerichtet sind.)</td><td rowspan="9">Über die qualitative Technik der Strukturierung sollen die Websites nach bestimmten Kriterien untersucht werden. Über eine quantitative Analyse werden die Rohdaten nach bestimmten Merkmalsausprägungen ausgezählt: (Fahrrad-Package oder Mountainbike-Package; Wer sind die Veranstalter?)</td></tr>
<tr><td>Fahrrad-Packages/ Pauschalen allgemein</td><td>Packages welche das Hauptmotiv Fahrrad fahren beschreiben und dabei nicht speziell das Thema Mountainbiking erwähnen. Beispiele sind Synonyme wie Radelvergügen oder wenn das Package speziell mit einem Flußradweg in Verbindung gebracht werden kann.</td></tr>
<tr><td>Mountainbike-Packages/ Pauschalen</td><td>Packages beschreiben gezielt das Thema Mountainbiking. Kriterium ist, dass bereits mit dem Package-Namen Mountainbike-Begriffe genannt werden. Dazu zählen: Bike, biken, Mountainbike, mountainbiking, Trans sowie Cross (beschreiben Überquerung eines Gebirges in mehreren Etappen). Fahrtechnikkurse sollen nicht in den Untersuchungsgegenstand mit aufgenommen werden. Diesen wird zugrunde gelegt, dass das Urlaubsmotiv nicht im Vordergrund steht.
Tourenvorschläge sind keine Packages!</td></tr>
<tr><td></td><td></td></tr>
<tr><td>Homepage Mountainbike-Arena</td><td>Der Homepage der Mountainbike-Arena als weiterführende Untersuchungseinheit wird zugrunde gelegt, dass hier lediglich Mountainbike-Packages angeboten werden.</td></tr>
<tr><td>Mountainbike-Packages</td><td>Siehe oben.</td></tr>
<tr><td></td><td></td></tr>
<tr><td>Homepage Mountainbike-Park</td><td>Der Homepage der Mountainbike-Parks als weiterführende Untersuchungseinheit wird zugrunde gelegt, dass hier lediglich Mountainbike-Packages angeboten werden.</td></tr>
<tr><td>Mountainbike-Packages</td><td>Siehe oben.</td></tr>
</table>

Detailanalyse der Mountainbike-Packages

<table>
<tr><th>Kategorien</th><th>Zuordnungsregeln und Ankerbeispiele</th><th>Ziel der Untersuchung</th><th>Auswertung und Beschreibung der Ergebnisse</th></tr>
<tr><td>Veranstalter</td><td>Wer ist Veranstalter: z.B. Tourismusorganisation, Hotel/Pension, Reiseveranstalter, Incoming-Agentur</td><td rowspan="10">Einschätzung zur Gestaltung der Mountainbike-Packages: Sind diese an den Bedürfnissen der Mountainbiker orientiert zusammengestellt? Und sind sie nach den unterschiedlichen Zielgruppen innerhalb der Mountainbiker (Aktion- und Funbiker, Sport- und Naturbiker, Ruhe- und Erholungsbiker) ausgerichtet?</td><td>Siehe Inhaltsanalyse der Websites.</td></tr>
<tr><td>Package-Name</td><td>Name der Pauschale, Überschrift: z.B. Bikeness-Weekend, Bikecrossing Schwarzwald etc.</td><td rowspan="3">Auswertung über induktive Kategorienbildung im Sinn zusammenfassender Inhaltsanalysen. Ordinalskalierte Bewertung der Ergebnisse.</td></tr>
<tr><td>Thema</td><td>Kurzbeschreibung des Packages, Untertitel: z.B. ein Satz oder maximal ein Absatz, welcher hervorgehoben ist.</td></tr>
<tr><td>Beschreibung</td><td>Beschreibt das Package, meist in bildlichen und ausführlichen Worten, damit sich der Interessent die Inhalte besser vorstellen kann; Highlights und der Ablauf werden beschrieben.</td></tr>
<tr><td>Leistungen</td><td>Fasst die Leistungsbestandteile des Packages in Kurzform zusammen: z.B. Anzahl der Übernachtungen, Touren, Fahrtechnikkurse, Lunchpakete, Wellness- oder Massageleistungen etc.</td><td rowspan="5">Die Merkmalsausprägungen werden zu Kategorien zusammengefasst und nach Häufigkeiten ausgezählt=quantitative Analyse.</td></tr>
<tr><td>Preise</td><td>Ausweisung der Preise: z.B ob Gesamtpreis, ob man unterschiedliche Kategorien wählen kann, Zusatzleistungen preislich ausgewiesen werden</td></tr>
<tr><td>Termine</td><td>Angabe von Terminen: z.B. ob ein festes Datum angegeben ist oder das
Datum frei wählbar ist</td></tr>
<tr><td>feste/ wechselnde Unterkunft</td><td>Gibt gleichzeitig Auskunft über Art der Pauschale: Sterntouren bei fester Unterkunft, Überquerungen oder Etappenfahrten bei wechselnder Unterkunft</td></tr>
<tr><td>Dauer</td><td>Auf wieviel Tage sind die Packages festgesetz: z.B. 2 bis 3 Übernachtungen für Kurzurlaub über das Wochenende, Urlaub für eine Woche</td></tr>
<tr><td>Bewertung des Websiteaufbaus</td><td>Memos zur subjektiven Bewertung des Internetauftritts und der Gestaltung des Packages: z.B. Bilder, Struktur und Übersichtlichkeit der Seite, wie leicht bzw. schwer man die Pauschale findet etc.</td><td></td></tr>
</table>

Quelle: Eigene Darstellung Juni 2009

Anhang 7: Interviewleitfaden der Expertenbefragung

Sehr geehrte(r) Frau/Herr …,

im Rahmen meiner Studie möchte ich herausfinden, welche Anwendung Mountainbike-Packages im Destinationsmarketing der Tourismusorganisationen finden. Untersucht werden die Mittelgebirgsregionen mit ausgewiesenen Mountainbike-Strecken.

Die Arbeit geht von folgenden begrifflichen Bestimmungen aus:

MOUNTAINBIKING

Aufgrund der Formenvielfalt in der Fahrradindustrie (Trekkingrad, Fitnessrad etc.) kann die Gruppe der Mountainbiker nicht über den Besitz eines Mountainbikes definiert werden, sondern wird über die Tätigkeit und die Motive beschrieben. Demnach ist Mountainbiking Fahrrad fahren abseits befestigter Straßen im Gelände um Spaß zu haben, sich fit zu halten, die Natur zu erleben, sich vom Alltag zu erholen und das Abenteuer zu erleben.

PACKAGES

Durch das Anbieten von Packages bzw. Pauschalen haben die Tourismusorganisationen die Möglichkeit das touristische Angebot zu beeinflussen. Mit einem Gesamtpaket zu einem Festpreis kann eine mögliche Produktkombination vorgestellt und bei der Zielgruppe ein bestimmtes Image aufgebaut werden. Ein Package beschreibt die Bündelung von Teilleistungen verschiedener Anbieter zu einem Gesamtangebot und enthält organisatorische (Buchungsart, Koordination der Teilleistungen), wirtschaftliche (preisliche Positionierung, Kommission), rechtliche (Haftung als Veranstalter) und soziale (Beratung und Betreuung, Image der Destination, Kontakt mit Bevölkerung) Elemente.

Fragen zur Anwendung von Packages im Allgemeinen

1. Bieten Sie als Tourismusorganisation Packages an?

2. Welche Vorteile ergeben sich für Ihre Tourismusorganisation mit dem Anbieten von Packages? Und welche Nachteile bzw. Schwierigkeiten sehen Sie?

3. Welche Ziele verfolgen Sie mit dem Anbieten von Packages?/ Warum bieten Sie Packages an?

4. Welche Organisationsstruktur haben Sie bei der Erstellung und Vermarktung der Packages? *(Wer ist dafür zuständig? / Wie werden Packages zusammengestellt und vermarktet? / Gibt es eine spezielle Operating-Abteilung?)*

Fragen zu den Mountainbike-Packages

5. Werden spezielle Packages zum Thema Mountainbiking angeboten?
Wenn nein, aus welchen Gründen bieten Sie keine Mountainbike-Packages an?

6. Bei wie viel Prozent der Mountainbike-Packages tritt Ihre Tourismusorganisation als Veranstalter auf und bei wie viel Prozent vermitteln sie Packages kooperierender Leistungsersteller?

7. Wer sind die Veranstalter der Mountainbike-Packages, die Sie vermitteln? *(Hotel, Pension, Veranstalter, Gastronomie, etc.)*

8. Welche Vertriebskanäle nutzen sie für den Verkauf der Mountainbike-Packages?

9. Und über welchen Vertriebskanal erzielen Sie die meisten Buchungen?

10. Was steht bei Ihnen im Vordergrund, die Werbewirkung der Mountainbike-Packages oder die Umsatzzahlen?

11. Verfolgen Sie mit den Mountainbike-Packages Imageziele? Wenn ja, welche?

12. Differenzieren Sie bei der Gruppe der MountainbikerInnen nach unterschiedlichen Zielgruppen? Wenn ja, nach welchen? *(z.B. Genussbiker, Familienbiker, Actionbiker oder Imagebiker)*
Wenn nein, warum nicht?

13. Welche Anwendung findet das Thema GPS in Ihren Packages? *(Bieten Sie z. B. GPS-geführte Touren und den Verleih eines Gerätes an? Sind Angebote in diese Richtung geplant?)*

Anhang 8: GPS als Zukunftsangebot und Gründe, warum es noch wenig genutzt wird

GPS hat Zukunft weil:	GPS wird noch wenig genutzt weil:
Karte und Schild als Auslaufmodell (bleibt als Notfalllösung bestehen)	Wege gut ausgeschildert
wird einfacher	Extragerät
neue Generation wächst damit auf	Fixierung auf das Gerät (beeinträchtigt das Landschafts- und Naturerlebnis)
Technische Weiterentwicklung (Iphone, Handy auf Lenker, kein Extragerät mehr)	weil nicht wettbewerbsentscheidend
Internet zum kostenlosen Datenaustausch (spezielle Websites, Foren)	geringer Verleih an Geräten
Geräte werden günstiger	geführte Touren sind noch am Wichtigsten (persönliche Betreuung)
Zusatzfunktionen nehmen zu --> wird auch für die Freizeit genutzt	nicht alle Informationen preisgeben, da auch wirtschaftliche Interessen verfolgt werden (Kartenverkauf)
Tourenportal mit individueller Tourensuche (routingfähig)	Zuwachs nimmt nur gering zu
ist Entscheidungskriterium für Buchung	große Diskrepanz zwischen Verwendung im Feld und dem Angebot
ist selbstverständlich	eher digitale Karten werden genutzt
günstiger als Unterhalt von Beschilderungssystem (Wartung)	fehlende Fachkompetenz bei der Einweisung beim Geräteverleih
Programme dazu angeboten werden (Schatzsuche)	
Mountainbiker als technikaffine Gruppe	
mit Wlan-Station in Tourismusinformation auch am Wochenende Daten verfügbar	
Marketing-Instrument für die Regionen	

Quelle: Eigene Erhebung Juli 2009, n=6

Abonnement

Hiermit abonniere ich die *Schriftenreihe der School of International Business*

- ❒ *Europäischer Studiengang für Wirtschaft und Verwaltung (ESWV)* **(ISSN 1863-9798),** herausgegeben von Hans-Jürgen Busse,
- ❒ *Internationaler Studiengang für Tourismusmanagement (ISTM)* **(ISSN 1863-9798),** herausgegeben von Felix Bernhard Herle,

- ❒ ab Band # 1
- ❒ ab Band # ___
  - ❒ Außerdem bestelle ich folgende der bereits erschienenen Bände:
    #___, ___, ___, ___, ___, ___, ___, ___, ___, ___, ___, ___

- ❒ ab der nächsten Neuerscheinung
  - ❒ Außerdem bestelle ich folgende der bereits erschienenen Bände:
    #___, ___, ___, ___, ___, ___, ___, ___, ___, ___, ___, ___

❒ 1 Ausgabe pro Band ODER ❒ ___ Ausgaben pro Band

Bitte senden Sie meine Bücher zur versandkostenfreien Lieferung innerhalb Deutschlands an folgende Anschrift:

Vorname, Name: ______________________________

Straße, Hausnr.: ______________________________

PLZ, Ort: ______________________________

Tel. (für Rückfragen): __________________ *Datum, Unterschrift:* ________________

Zahlungsart

❒ *ich möchte per Rechnung zahlen*

❒ *ich möchte per Lastschrift zahlen*

bei Zahlung per Lastschrift bitte ausfüllen:

Kontoinhaber: ______________________________

Kreditinstitut: ______________________________

Kontonummer: __________________________ Bankleitzahl: ____________________

Hiermit ermächtige ich jederzeit widerruflich den *ibidem*-Verlag, die fälligen Zahlungen für mein Abonnement von meinem oben genannten Konto per Lastschrift abzubuchen.

Datum, Unterschrift: ______________________________

Abonnementformular entweder **per Fax** senden an: **0511 / 262 2201** oder 0711 / 800 1889
oder als **Brief** an: *ibidem*-Verlag, Julius-Leber Weg 11, 30457 Hannover oder
als **e-mail** an: **ibidem@ibidem-verlag.de**

ibidem-Verlag

Melchiorstr. 15

D-70439 Stuttgart

info@ibidem-verlag.de

www.ibidem-verlag.de
www.ibidem.eu
www.edition-noema.de
www.autorenbetreuung.de